突撃！カネオくん
10歳からの
お金のきほん
JN112332
ONE PUBLISHING

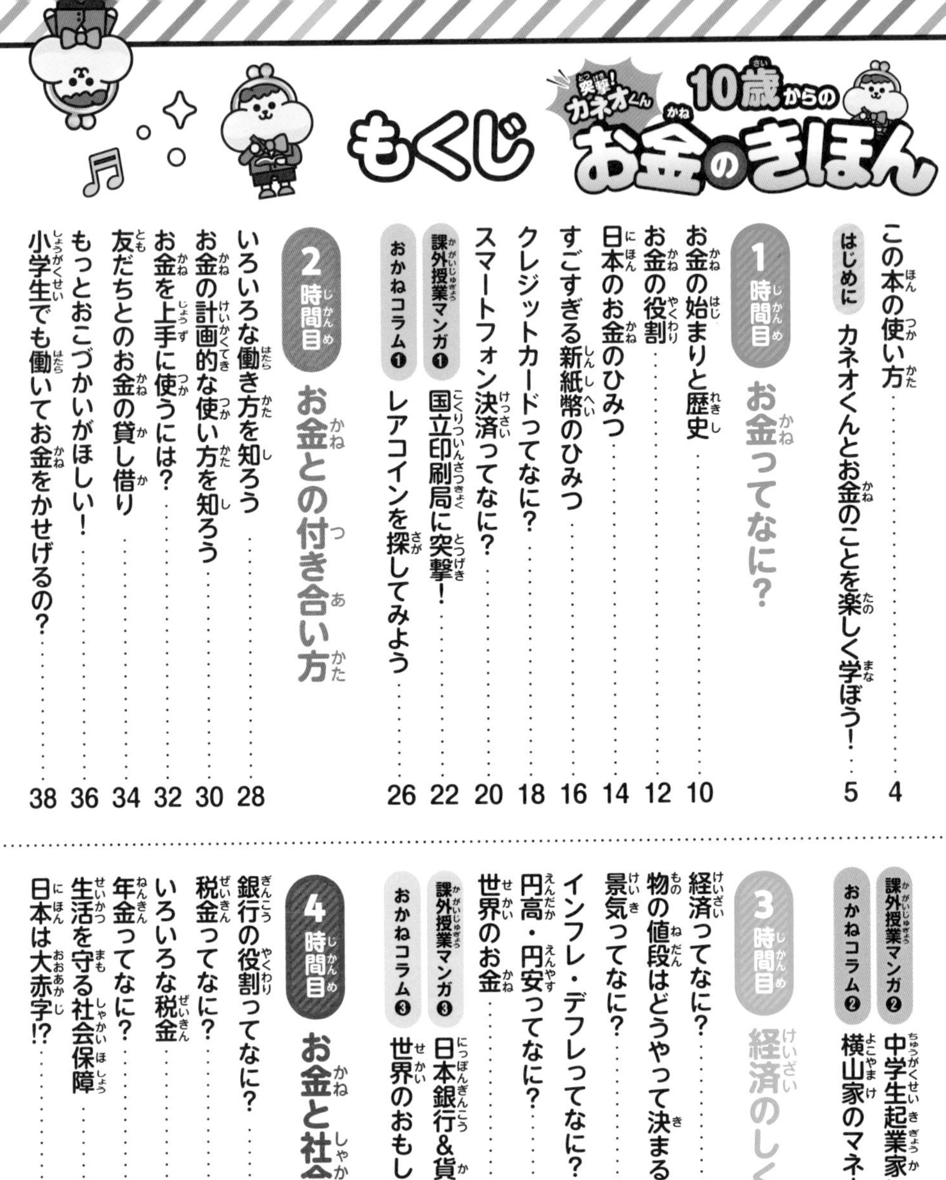

もくじ

突撃!カネオくん 10歳からのお金のきほん

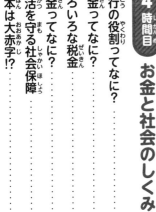

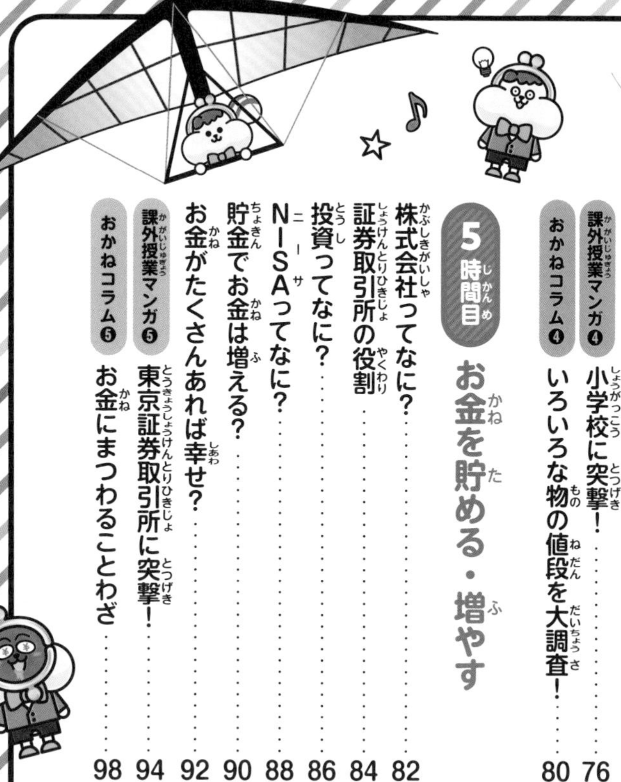

5時間目 お金を貯める・増やす

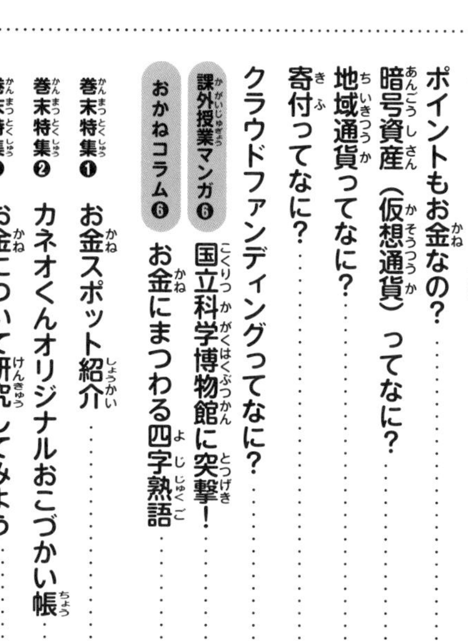

6時間目 お金のこれから

写真クレジット

Pixfiction/Shutterstock.com…表紙
urfin/Shutterstock.com…P8
7maru/Shutterstock.com…P40
nimon/Shutterstock.com…P57
Mehaniq/Shutterstock.com…P57
AePatt Journey/Shutterstock.com…P57
zairiazmal/Shutterstock.com…P57
iuliia_n/Shutterstock.com…P57
Zvonimir Atletic/Shutterstock.com…P57
konstantinos69/Shutterstock.com…P57
Claudio Divizia/Shutterstock.com…P57
VOJTa Herout/Shutterstock.com…P57
Yuri Samsonov/Shutterstock.com…P57
Aleksandr Stezhkin/Shutterstock.com…P58
Anton_Ivanov/Shutterstock.com…P62
Tamer A Soliman/Shutterstock.com…P62
Poetra.RH/Shutterstock.com…P62
studio-K49/Shutterstock.com…P76
Kojiro/Shutterstock.com…P76
icosha/Shutterstock.com…P76
kapinon.stuio/Shutterstock.com…P76
Taku/Shutterstock.com…P77
Naomi Seki/Shutterstock.com…P77
akiyoko/Shutterstock.com…P77
Alex Ragen/Shutterstock.com…P78
Dr David Sing/Shutterstock.com…P79
Ned Snowman/Shutterstock.com…P80
7th Son Studio/Shutterstock.com…P80
mamesuke/Shutterstock.com…P80
Alexander Brenner/Shutterstock.com…P80
New Africa/Shutterstock.com…P80
Miguel Lagoa/Shutterstock.com…P80
Gengorou/Shutterstock.com…P94
Ihor Bondarenko/Shutterstock.com…P126
StockSmartStart/Shutterstock.com…P127

※本書に掲載している情報は、2024年6月時点の情報です。

この本の使い方

この本では、みんなが気になる
お金のひみつを楽しく学べるよ！

お金博士に
なっちゃおう！

ポイント 1
図解やイラストでスッキリ解説

解説文でふれた内容を図やイラストで
わかりやすく説明しているよ。

ポイント 2
一問一答で気になるテーマをチェック

カネオくんと横山先生の
会話を読めば、ここで学ぶ
ポイントを確認できる。

ポイント 3
「もっと知りたい」ミニコラム

解説文にプラスして知っておきたい内容を
ミニコラムにまとめているよ。

ポイント 4
大人も知らないかも!? 3択カネオクイズ

お金についてくわしくなれる豆知識クイズだよ。
ページ下にある解答で答え合わせをしてね。

ポイント 5
課外授業マンガでお金にまつわる“今”がわかる！

カネオくんがお金にまつわる場所を突撃取材する課外授業
マンガがのっているから、キミもいっしょに行ったみたいに
楽しく学べるよ。

ポイント 6
お金の知識が身につくコラム

各章の最後のコラムではお金にま
つわる知識やおもしろ情報をプラ
ス！ お金博士になっちゃおう！

はじめに

カネオくんとお金のことを楽しく学ぼう！

ココは、この世界のどこかにあるといわれているお金の学校…

この学校ではお金にまつわる特別な授業が行われているらしい…

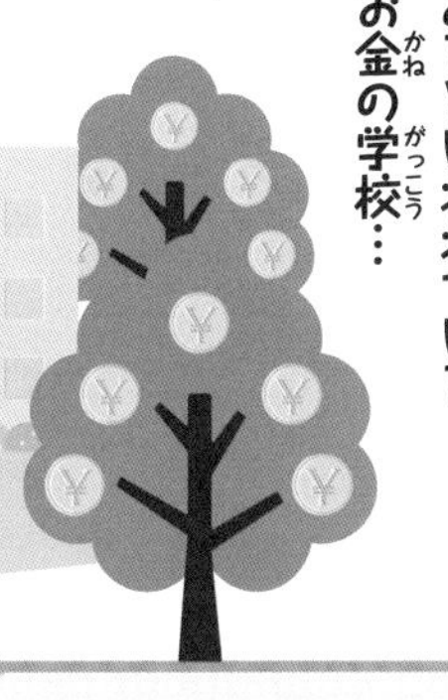

ふ〜、なんとか間に合ったようじゃの。

おぬしらもいっしょか？お金について興味津々なんて仲良くなれそうじゃの！

カネオデータ

こんにちは！ワシはカネオじゃ！

コスプレをして出張調査に出かけることもある。

かわいい顔をしながら、聞きにくいお金の話をズバッと聞きだすのが得意。

腹黒い話をする時はがま口が開いて腹黒い顔が登場する。

岡山県出身で岡山弁を話す。

お金が大好きな財布の妖精

なぬ!?

ワシのことを知らんじゃと？ちょっとは売れたと思っとった自分がはずかしいわい…。

NHK総合で放送中のテレビ番組『有吉のお金発見 突撃！カネオくん』に出演しとるぞ！

この番組では全国を飛び回ってお金について調べとるぞ

ショートケーキの巨大工場に突撃したり…

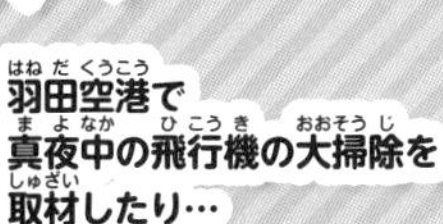

羽田空港で真夜中の飛行機の大掃除を取材したり…

お金について調べれば調べるほど、お金の使い方や上手な付き合い方ももっと知りたくなってきたんじゃ。

お金はいつからあるの？

おこづかいアップする方法は？

子どもも働けるの？

電子マネーってどんなしくみ？

は！

校長先生のあいさつの時間じゃ！

キ〜ンコ〜ン カ〜ンコ〜ン

急げ〜〜！

こんにちは！
校長の横山光昭です。

ふだんは
ファイナンシャル
プランナーをしています。

ぱいなっぷるぷらんたー？
パイナップルを
育てとるんか？

ちがうちがう、
ファイナンシャルプランナー！
お金の専門家のことだよ。

ふだんは
大人たちのお金の相談に
のったりしているんだ。

正しいお金との付き合い方を
身につけることは
一生役に立つ武器を
手に入れるのと同じ！
いろんな場面で
きっとキミを助けてくれるよ。

この学校では楽しく学びながら
お金と仲良しになれるよ！

なんと！聞いたか？
わくわくしてきたの～
早速はじめよう！

1時間目

お金ってなに？

私たちの暮らしに欠かせないお金のこと、
キミはどのくらい知っているかな？
お金の歴史や新紙幣のひみつを
カネオくんといっしょに見ていこう！

1 お金ってなに？

お金の始まりと歴史

そもそも「お金」っていつからあるんじゃ？

よーし、まずはお金の歴史をいっしょに見ていこう！

1 お金が生まれる前は物々交換だった

大昔の人たちは、自分が欲しいものを手に入れるときに、**物と物を交換していた**と考えられているよ。例えば、肉が欲しい人は、自分が持っている魚と交換するように…。これを**「物々交換」**というんだ。

でも、自分と相手の欲しいものがぴったり合うとも限らないし、肉や魚などのなま物は日持ちがせず、くさってしまうこともある。そこで、だれもが必要としているものを物の交換のために使うことにしたんだ。これがお金の始まりで、**稲（米）や貝、布などが使われた。**物をお金のように使っていたので、**「物品貨幣」**と呼ばれるよ。

2 金属のお金から鋳造貨幣・紙幣に発展

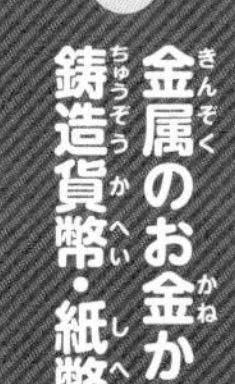

貝などの物品貨幣は、割れたりしてこわれることもあり、持ち運ぶにも不便なことが多かった。そこで、こわれることもなく、持ち運ぶのにも便利な**金や銀などの金属**がお金として使われるようになった。このようなお金を**「金属貨幣」**というよ。

さらに、交換のたびに重さを量ったりする手間を省くため、金属貨幣を決まった大きさと形にして使いやすくしたものが**「鋳造貨幣」**だよ。

でも、金貨や銀貨もたくさんになると重くて持ち運ぶのが大変だ。そこで、金貨や銀貨と交換できる預かり証を発行してお金として使うようになった。これが**紙幣（お札）**なんだよ。

用語解説

鋳造貨幣…金属を決まった形と大きさにして、その価値を表したお金。現在の硬貨（コイン）にあたる。「鋳造」とは、金属をとかして型に流しこんで冷やし、形をつくること。

お金の始まり

①物々交換

最初は欲しいものどうしを
直接交換していた

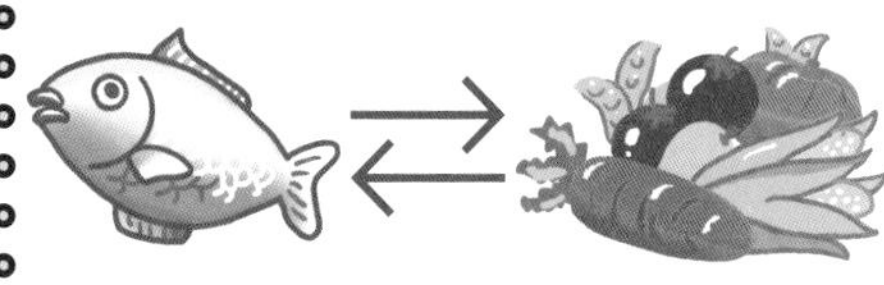

②物品貨幣

貝や米、布などを
お金のように使った

③金属貨幣

金や銀などの
金属を使った

④鋳造貨幣・紙幣

金属貨幣の大きさをそろえ
使いやすくした

もっと知りたい

漢字でわかる貝のお金

「買」、「貯」、「財」、「貨」、「販」、「費」、「貸」など、「貝」の部分がある漢字は、お金に関係する意味をもつことが多いね。これは古代中国で、貝をお金として使っていたからなんだよ。

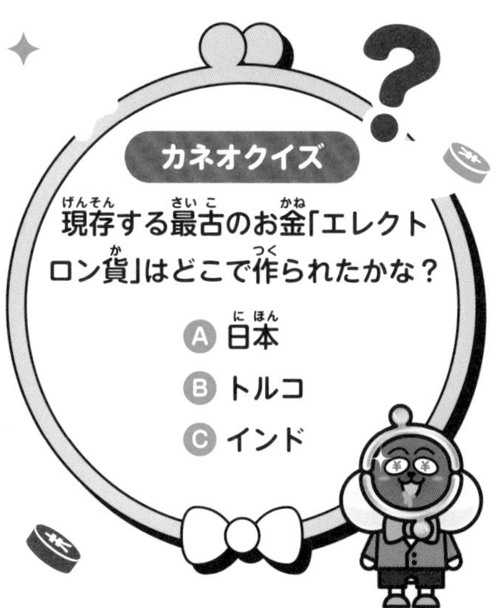

カネオクイズ

現存する最古のお金「エレクトロン貨」はどこで作られたかな？

- A 日本
- B トルコ
- C インド

紀元前7～6世紀に、現在のトルコ西部にあったリディア王国で発行されたエレクトロン貨は、現在まで残っている最古のお金だ。金と銀の合金だったよ。

❶ お金ってなに？

お金の役割

お金の役割ってなんじゃ…？

物の価値を表すなど、大切な役割があるんだよ！

1 お金の大切な3つの役割を知ろう

1つ目が**「物と交換する」**役割だ。お金はもともと、物と交換するために生まれたんだったね。物々交換では おたがいに欲しい物を持っている人どうしでないと交換できなかったけれど、お金があればどんな物とも交換することができる。

また、お金があれば物でなくても、映画を見たり、かみの毛を切ってもらうなどのサービスを受けることもできるよ。

2つ目の役割が**「物の価値を表す」**役割だ。

100円のボールペンと1万円のゲームソフトを比べると、ゲームソフトはボールペンの100倍の価値があることがわかるね。物に値段をつけることで、さまざまなものの価値を表すことができるし、比べることができる。これは「価値尺度」という、お金の役割の1つだよ。

そして3つ目の役割が**「価値を貯めておく」**ことだ。お金はくさったりこわれたりしにくいので、使わないで貯めておくことができる。ただ、お金の価値は時代や社会情勢の影響を受けるから、その**価値がずっと変わらないわけではない**んだ。

お金の3つの役割のうちどれが最も重要か、キミにはわかるかな？ それは、「物の価値を表す」役割なんだ。物やサービスに値段を付けられるからこそ「物と交換する」ことができる、つまりお金で商品を買うことができるんだね。

用語解説

価値尺度…お金の役割の1つで、お金が物（商品）やサービスの価値を決めるものさしの役割をすることをさす。200円の物は100円の物の２倍の価値があるということがわかる。

お金の役割

①物と交換する

お金とさまざまな物を
交換する

②物の価値を表す

お金を基準として
物やサービスの価値を表し、
比較できる

どれも重要な
役割なんじゃの〜

③価値を貯めておく

保管して価値を
貯めておくことができる

もっと知りたい

お金自体の価値も変わる!?

「価値を貯めること」がお金の役割の１つだけど、時代や経済の状況によって、その価値が上がったり下がったりすることがある。例えばラーメン1杯の平均価格は1962年は48円だったのに対し、2023年では568円と11倍以上になっている（総務省統計）。

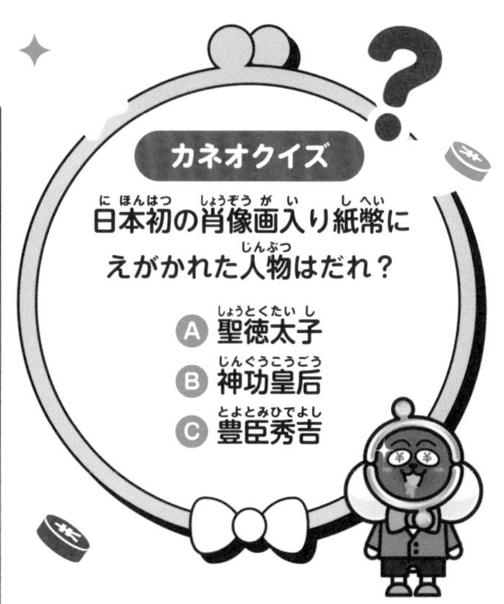

カネオクイズ

日本初の肖像画入り紙幣に
えがかれた人物はだれ？

A 聖徳太子
B 神功皇后
C 豊臣秀吉

神功皇后は、「古事記」「日本書紀」に記録のある伝説上の女性。仲哀天皇の皇后で、名を気長足姫尊という。1881年発行の紙幣にえがかれた。

❶ お金ってなに？

日本のお金のひみつ

お金はだれがどこでつくっとるんじゃ？

紙幣は日本銀行、硬貨は政府が発行しているんだよ！

1 日本銀行は紙幣 日本政府は貨幣を発行

現在の日本には、紙でつくられた**紙幣（お札）**と、金属でつくられた**貨幣（硬貨、コイン）**があり、それぞれ発行するところが決まっているよ。

紙幣を発行するのは日本銀行だ。日本銀行は国立印刷局に実際の印刷を発注し、できた紙幣を買い上げる。いっぽう、**貨幣を発行するのは日本政府で、**政府が造幣局に製造を発注し、できた貨幣は政府から日本銀行に交付される。

これらのしくみは、法律で決まっている。ほかの人や会社などが勝手にお金を発行することはできないよ。もちろんコピーも禁止されている。

2 2024年7月に新紙幣が発行される

現在使われている紙幣は、主に一万円券（札）、五千円券（札）、二千円券（札）、千円券（札）だ。過去には、一円、十円、百円、五百円などの金額の紙幣も発行されていたことがある。

2024年7月には、**新しい紙幣が発行される**予定で、一万円札には**渋沢栄一**、五千円札には**津田梅子**、千円札には**北里柴三郎**の肖像がえがかれているよ。

硬貨は、「貨幣」とも呼ばれ、五百円、百円、五十円、十円、五円、一円の6種類がある。ニッケル、アルミニウム、銅などの金属でつくられているよ。

用語解説 貨幣…お金のことをさす場合もあるが、日本の法律では金属でできているお金（硬貨）を「貨幣」と呼ぶと定められている。これに対し、紙幣は「日本銀行券」という。

日本のお金の流れ

紙幣（お札）

国立印刷局で印刷する

日本銀行へ

銀行などへ

貨幣（硬貨、コイン）

造幣局で製造する

政府へ

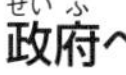

交付（発行）

もっと知りたい

昔のお金も使える？

「新しいお札が発行されたら、今までのお金はどうなるの？」と疑問に思う人もいるかもしれないね。新紙幣になったあとでも、それまでのお金は引き続き使えるよ。現在使える最も古い紙幣は、1885年発行の一円券だ。ただし、その金額でしか使えないよ。

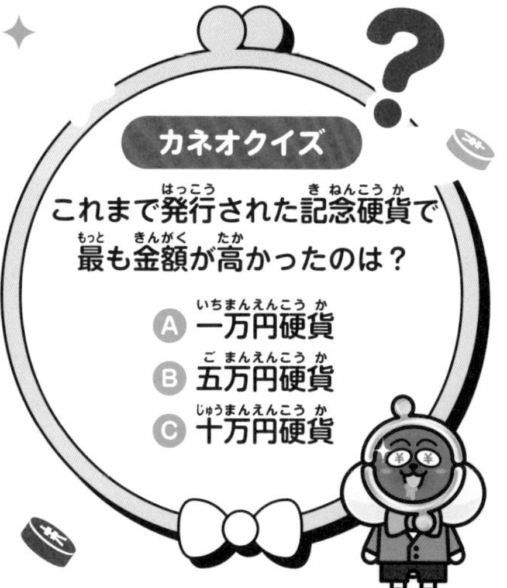

カネオクイズ
これまで発行された記念硬貨で最も金額が高かったのは？
A 一万円硬貨
B 五万円硬貨
C 十万円硬貨

1986年に発行された「天皇陛下御在位60年記念十万円金貨」と1990年に発行された「天皇陛下御即位記念十万円金貨」が十万円硬貨だった。

① お金ってなに？

すごすぎる新紙幣のひみつ

新紙幣にはどんなひみつがあるんじゃ？

偽造防止の最新技術が使われているよ！

1 お金の信用を守る偽造防止のための技術

2024年7月に、新しい一万円札、五千円札、千円札が登場する。これらの金額の紙幣が新しく発行されるのは2004年以来、**20年ぶり**のことなんだよ。日本銀行は偽造防止のために定期的に紙幣のデザインを変えていて、偽造を防ぐためのさまざまな技術が導入されているよ。

万が一にも紙幣が偽造されると、お金の信用が失われて、経済が大混乱してしまう。だから、**偽造防止**には万全の対策をしているんだ。

これまでにもあったマイクロ文字などの技術に加えて、今回の新紙幣で初めて取り入れられる新しい技術もたくさんあるんだよ。

2 世界初！ 角度で見え方が変化する3Dホログラム

偽造防止のための新技術のひとつは、**「3Dホログラム」**だ。人物の肖像などの3D画像が、見る角度を変えると回転するもので、紙幣に採用されるのは**世界で初めて**なんだ。また、高精細のすき入れ技術も導入されている。すかしの肖像の周りに、とても細かい線の模様が入っている。

これらのほかに、紙幣をかたむけると数字や文字が見える**「潜像模様」**や、紙幣の左右にピンク色の光沢のある模様が見える**「パールインキ」**、紫外線を当てると紙幣の一部が光る**「特殊発光インキ」**なども、これまでの紙幣と同様に取り入れられているよ。

用語解説

ホログラム…レーザーを使って記録する立体的な画像のこと。ホログラムをつくる技術はホログラフィーという。日本では2004年に発行された紙幣に初めて使われた。

新紙幣の偽造防止技術

3Dホログラム　世界初!

見る角度を変えると、
肖像などが立体的に回転する。

高精細すき入れ

すかしの肖像の周りに、
とても細かい模様がある。

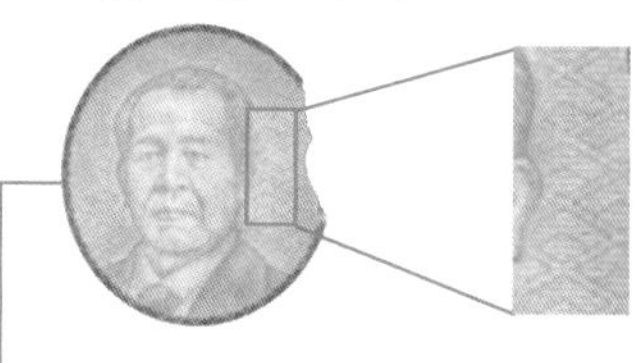

潜像模様

お札をかたむけると文字や数字が見える。

表

裏

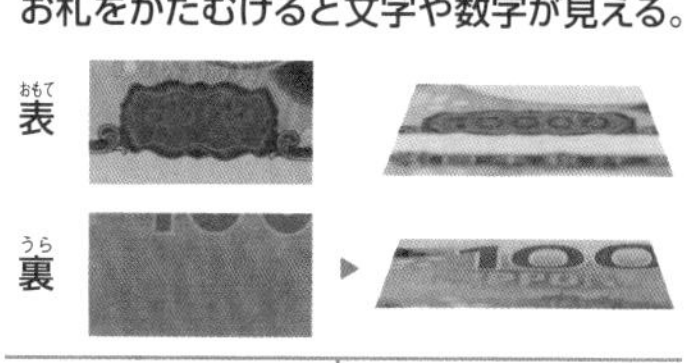

新千円札（北里柴三郎）

新五千円札（津田梅子）

新一万円札（渋沢栄一）

特殊発光インキ

紫外線を当てると、表と裏の印章と図柄の一部が光る。

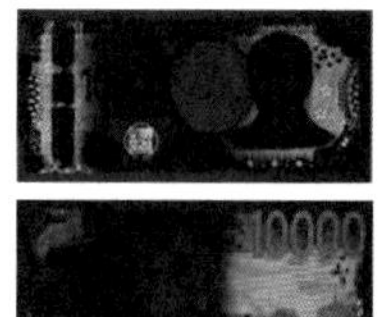

マイクロ文字

「NIPPONGINKO」というとても小さい文字が印刷されている。

パールインキ

お札をかたむけるとピンク色の模様が見える。

用語解説　すき入れ…紙を光にすかすと、厚さによって肖像や文字などが見える「すかし」をつくる技術。すき入れによる紙は、お札のほか、政府の発行する証券などに使われている。

① お金ってなに？

クレジットカードってなに？

現金を使わずに買い物ができるカードがあるんか？

大人が使っている「クレジットカード」のことだね！

① 現金を使わないキャッシュレス決済

物を買ったりサービスを受けたりするのに、現金を使わない方法を**「キャッシュレス決済」**というよ。今まで現金ばらいが主流だった日本でも、お店などでキャッシュレス決済が広まる傾向にある。キャッシュレス決済の代表的な手段が**クレジットカード**なんだ。

「クレジット」とは**「信用」**という意味で、その人の信用にもとづいてカードが発行され、支はらいの際に、そのカードを見せてサインなどをすることで決済できるというのがクレジットカードのしくみだ。後日、自分の金融機関口座からカード会社に使った分と手数料が引き落とされる。

② クレジットカードは便利だけど使いすぎに注意

クレジットカードがあれば多くの現金を持たなくてもすみ、実際にお金が引き落とされる日までにお金を用意すればよい。分割ばらいにすれば、毎月の支はらいの負担を少なくできる。また、保険のサービスがつくなどの特典やポイントがつくこともある。その半面、つい**使いすぎたり、手数料をはらわなければならない**といったデメリットもある。

クレジットカードは、信用にもとづいているので、ほかのカードでの支はらいがおくれているなど、信用できないとみなされると発行してもらえなかったり、使えなくなったりすることもある。

用語解説

決済…物やサービスの代金をはらい、売買の取り引きを終わらせること。現金を使う場合と、現金以外の方法による場合（キャッシュレス決済）がある。

クレジットカードのしくみ

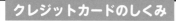

カード会員

カード加盟店

物やサービス

カードで支はらい

代金の支はらい

手数料

明細書・ポイント

代金の支はらい

カード会社

こういうしくみ
だったんじゃの〜

もっと知りたい

デビットカードってなに？

デビットカードもクレジットカードと同じく買い物で使えるカードだ。クレジットカードは後からお金が引き落とされるけど、デビットカードはすぐに金融機関口座からお金が引き落とされるのが特ちょうだよ。

カネオクイズ
クレジットカードは
何歳からつくれる？
A 満13歳
B 満18歳
C 満20歳

成人年齢である満18歳以上になれば、親の同意なしにクレジットカードをつくることができる。ただし、高校生などの学生はつくれないとされる場合が多い。

1 お金ってなに？

スマートフォン決済ってなに？

スマートフォンで買い物しとる人がおったぞ!?

キャッシュレス決済のひとつだよ！

1 送金もできる便利なスマホ決済

専用のアプリをダウンロードしておき、スマートフォンやタブレットを使って支はらいをする方法を**「スマートフォン（スマホ）決済」**という。支はらいがすばやくできるが、スマートフォンの通信状況によっては使えないこともあるから注意が必要だ。

また、だれかにお金を送ることもできるので、何人かで食事をして均等に支はらいをするようなときにも便利だ。アプリ上で残高がわかるので**お金の管理がしやすい**うえ、パスワードや指紋認証などを設定しておけば、スマホを落としても他人に使われることもないよ。

2 支はらい方法は主に2種類

スマホ決済には、大きく分けて**「QR決済」**と**「非接触型（タッチ）決済」**がある。

QR決済は、利用者がスマホのアプリでQRコードやバーコードを表示してそれを店側が読み取るか、店側のQRコードを利用者がスマホのカメラで読み取って決済する方法で、PayPayやLINE Payなどがある。

非接触型（タッチ）決済は、スマホの決済アプリにクレジットカードなどを登録しておき、店にある専用のリーダーにスマホをかざすだけで支はらうことができる。QUICPayやiDなどがある。

用語解説

アプリ…アプリケーションソフトウェアの略で、特定の目的のためにつくられたソフトウェアのこと。スマホなどにアプリをインストールすると便利な機能を利用できるようになる。

スマートフォン決済の種類

QR決済

専用の決済アプリを使い、表示されたQRコードやバーコードを店側に読み取ってもらう。または、専用の決済アプリを使い、店側のQRコードを読み取って決済する。

【代表的なサービス】
PayPay
LINE Pay
au PAY
楽天ペイなど

非接触型（タッチ）決済

クレジットカードや電子マネーを登録したスマートフォンを、専用の読み取り端末にかざすことで決済する。

【代表的なサービス】
QUICPay
iD
楽天Edyなど

もっと知りたい

支はらい時期は3種類

スマホ決済の支はらい時期には、先にお金をチャージしておく「前ばらい」、利用と同時に口座から引き落とされる「即時ばらい」、後日まとめてはらう「後ばらい」の３種類がある。

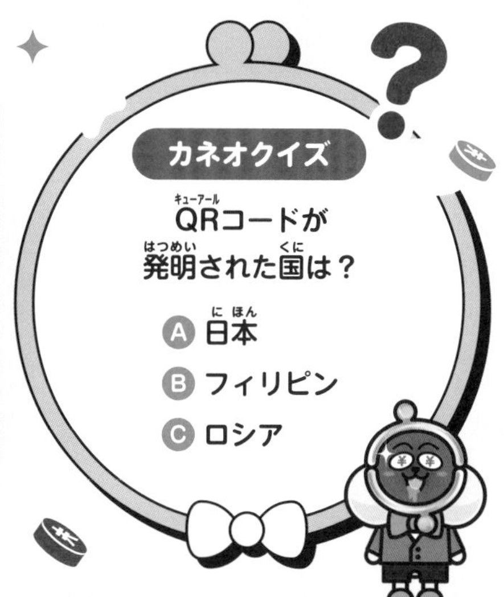

カネオクイズ
QRコードが
発明された国は？
A 日本
B フィリピン
C ロシア

1994年に、日本のデンソーウェーブという会社で発明された。もともとは、工場での部品管理をスムーズにするためのものだった。囲碁をヒントに発明されたそうだよ。

課外授業マンガ①

国立印刷局に突撃！

国立印刷局の工場でお札が作られていると聞いたカネオくん。
どのように作られているのかを探りに突撃したら…！？

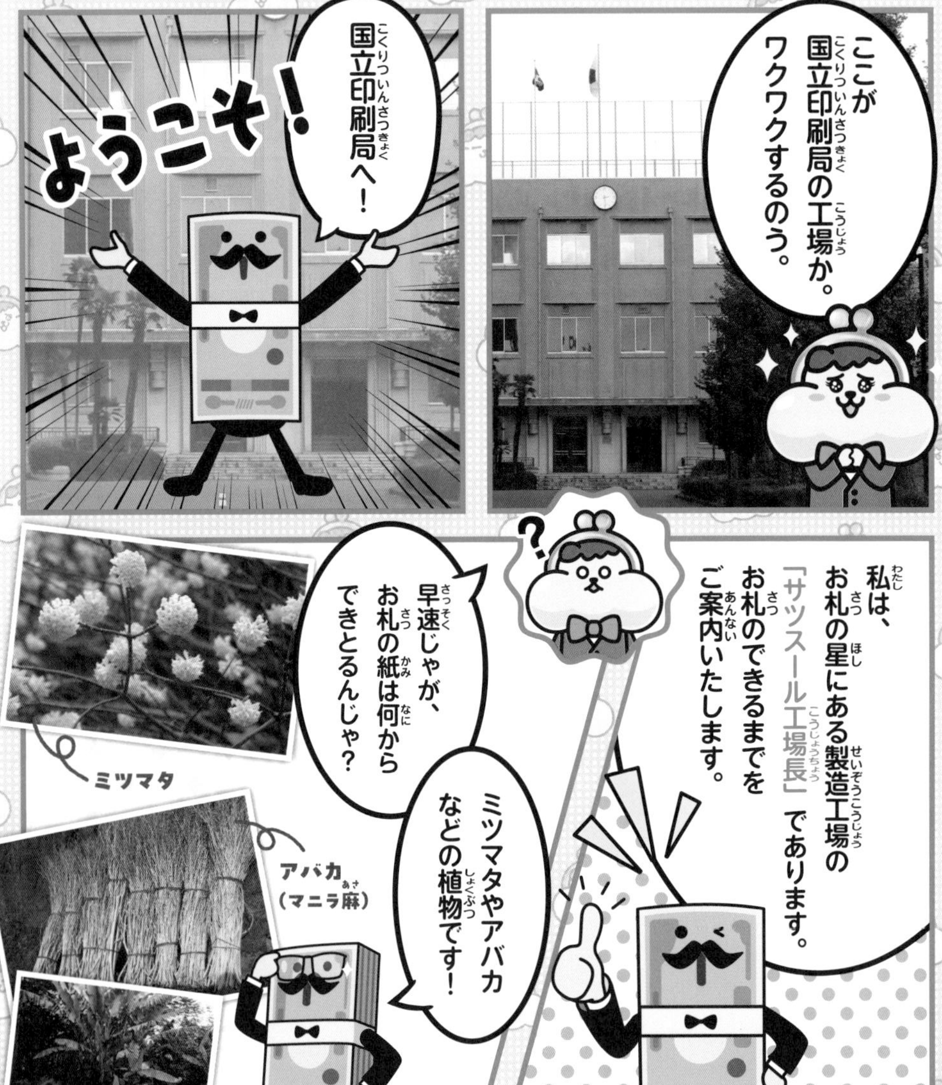

ここが
国立印刷局の工場か。
ワクワクするのう。
ようこそ！
国立印刷局へ！
私は、
お札の星にある製造工場の
「サッスール工場長」であります。
お札のできるまでを
ご案内いたします。
早速じゃが、
お札の紙は何から
できとるんじゃ？
ミツマタやアバカ
などの植物です！
ミツマタ
アバカ
（マニラ麻）

植物のせんいでつくったパルプ※を、この機械で細かく刻みます。
ひゃー でっけえ機械じゃあ！

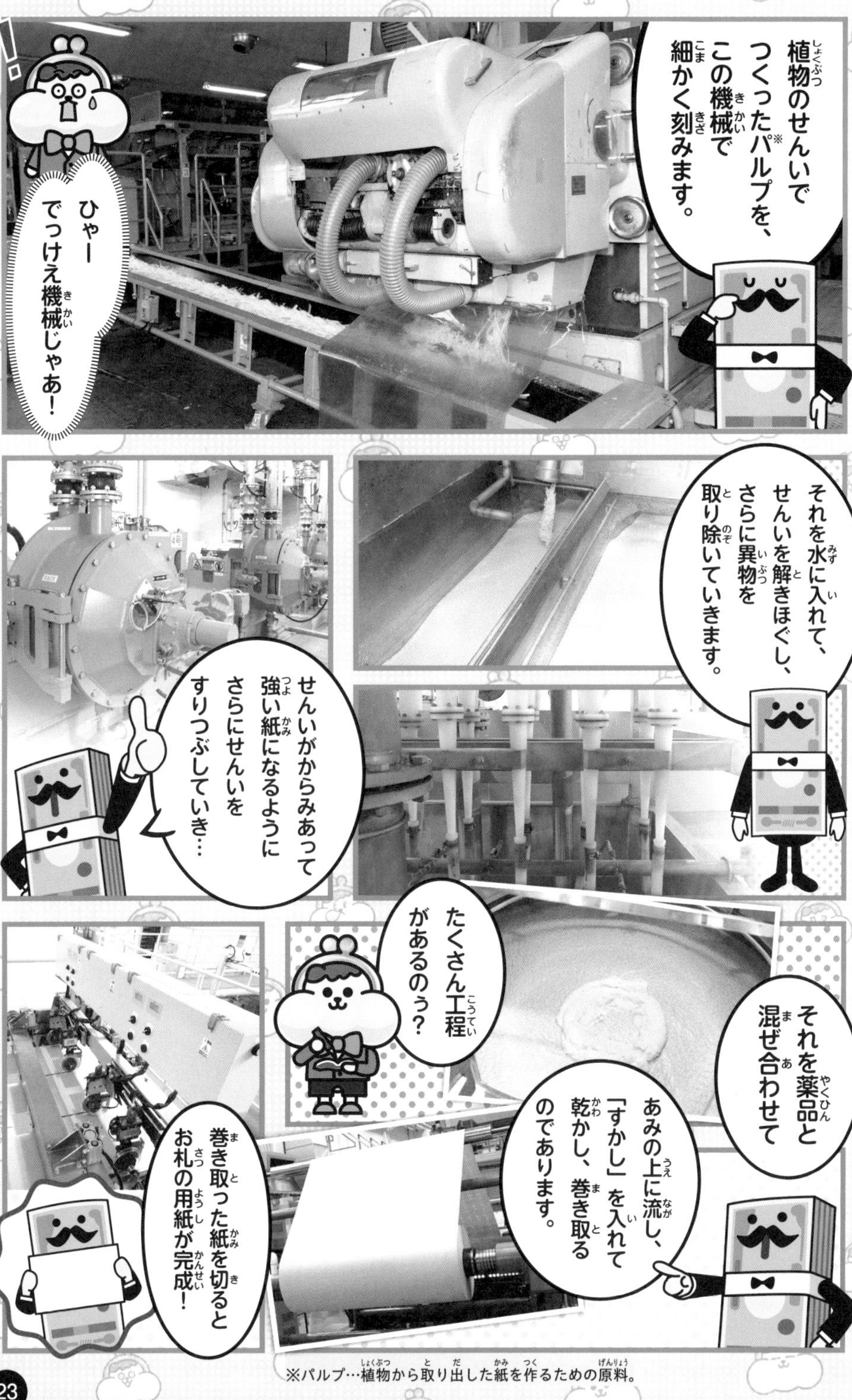

それを水に入れて、せんいを解きほぐし、さらに異物を取り除いていきます。

せんいがからみあって強い紙になるようにさらにせんいをすりつぶしていき…

それを薬品と混ぜ合わせて

あみの上に流し、「すかし」を入れて乾かし、巻き取るのであります。

たくさん工程があるのぅ？

巻き取った紙を切るとお札の用紙が完成！

※パルプ…植物から取り出した紙を作るための原料。

この紙に印刷するというわけか。
印刷するためには版面（原版）が必要であります。
※工芸官が、お札のもとになる原図を精密にえがいて
特殊な彫刻刀でほって原版をつくるので あります。
虫眼鏡まで使っとるんか！
背景の模様などはコンピューター上でえがいていき…
こうしてできた原版から、印刷用の大きな版面をつくるのであります。
印刷するためのインクもつくるんか？
もちろん！
顔料と透明な塗料などを配合して練って美しい色合いのインキ（インク）をつくっています。
ほう
これで準備は完了いよいよ印刷ですぞ！

※工芸官…紙幣や印紙などのデザインをし、印刷するための原版をつくる人。

絵柄を印刷した後、ホログラムをはり付け、そして記番号を印刷していきます。

やっとお札らしくなってきたのう〜

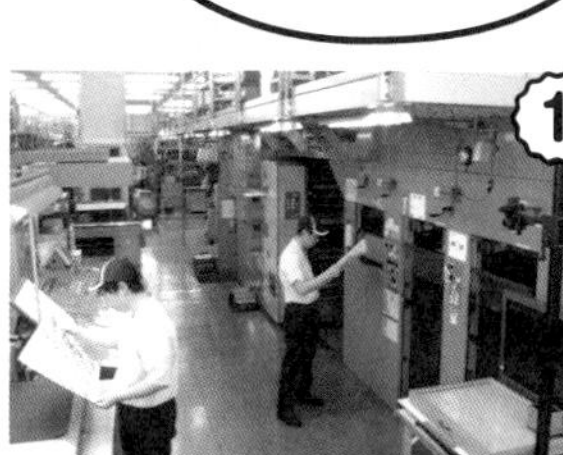

① 国立印刷局が開発した印刷機で印刷する。

② 傾けると色や模様が変化して見えるホログラムをはり付ける。

③ アルファベットと数字の組み合わせ（記番号）を印刷する。

④ 印刷した紙幣を決まったサイズに切る。

⑤ 1枚ずつ検査して、束にする。

⑥ 最後にフィルムで包む。

完成したお札を日本銀行に納めるのであります！

ジャーン！

おぉ！札束っていつ見てもええのう！

お札のできるまでがよくわかったわい！ありがとうじゃあ〜

国立印刷局では切手やパスポート、官報なども製造しています！

おしまい

おかねコラム ❶

レアコインを探してみよう

レアコインとは、さまざまな理由で価値が高くなった硬貨のこと。
もしかしたらキミのおうちにもお宝がねむっているかも!?

昭和61年後期

その価値なんと…
20,000円！（2000倍）

昭和61年後期に作られたものは
平等院鳳凰堂の
階段を囲む線のデザインがちがう。

平成23・24・25・29・30年

その価値なんと…
3,000円！（3000倍）

キャッシュレス化が進み、
製造枚数が減っていたため
この５年間の１円玉は貴重！

昭和64年

その価値なんと…
2,000円！（4倍）

昭和64年は1月1日から
1月7日までの7日間しかなく、
500円玉の製造枚数がとくに少なかった。

昭和62年

その価値なんと…
3,000円！（60倍）

製造枚数が少なかった年に
つくられたもの。貨幣セットのみで
発行された昭和62年のものがレア。

昭和32年

その価値なんと…
250円！（50倍）

「5円」の字体がゴシック体ではなく
楷書体で書かれているもの。
とくに昭和32年は流通量が少ない。

【番外編】昭和62年

その価値なんと…
115万円！（23000倍）

もともと流通量が少ないうえ、
穴がずれているエラーコインだったため
オークションで高値で落札された。

カネオのひとこと

さいふの中の小銭をよく調べてみようかのう
お宝が見つかるかもしれんの〜！

※金額は編集部調べ。硬貨の状態により変動あり。

2時間目

お金との付き合い方

おこづかい帳の書き方から
友だちとのお金のやりとりや使い方など
どんなことに気をつけたらいいのかな？
小学生の今から身につけておきたい
正しいお金との付き合い方を学ぼう！

② お金との付き合い方

いろいろな働き方を知ろう

お金をかせぐにはどんな方法があるんじゃ？

いろいろな職業や働き方を知っておこう！

① 職業や仕事内容で得られる収入がちがう

私たちは、働くことで生活に必要なお金を得ている。**働くこと（勤労）**は、日本国憲法で**国民の義務**と定められているんだ。

世の中には、さまざまな仕事や職業があり、国民はそれぞれの能力に応じて**自由に職業を選ぶ権利**を持っている。職業には、公務員、会社員、スポーツ選手、研究者、タレント、動画クリエイターなど、たくさんの種類があり、**職業や仕事の内容によって得られる給料や収入が変わる。**

例えば、プロスポーツ選手として活やくすると、働ける期間は短くても会社員の年収の何百倍もの収入を得ることもある。

② 収入に大きく関係する働き方の種類を知ろう

同じ仕事でも働き方にはいろいろあるよ。そして、働き方のちがいによって**収入や待遇も変わる**んだ。大きく3つの働き方について見ていこう。

1 **正規雇用**…期間を定めずに会社にやとわれる働き方。給料は毎月ほぼ同じの月給制が多く、賞与（ボーナス）がはらわれることも。また、決められた範囲で休み（有給休暇）を取っても月給が減ることはない。

2 **非正規雇用**…働く曜日や時間、期間などを決めてアルバイトやパートタイマーなどとしてやとわれる働き方で、給料は時給で計算されることが多い。働いた時間数に見合う分

用語解説
正規雇用…会社にやとわれて働く場合に、期間や職務内容、勤務地などを制限しない働き方。1日8時間、週5日のようにフルタイムで働くことが多い。

の金額が支はらわれる。

3**自営業・経営者**…自分で会社や店を経営する働き方。会社や店の業績で収入が大きく変わることも。

個人の才能を提供して働く**個人事業主やフリーランス**もこの働き方で、スポーツ選手や作家、動画クリエイターなどの職業に多い。

仕事が順調なときはがんばった分だけ収入が増えるけど、反対に仕事が減ったり、病気やけがで仕事ができなかったりすると収入が下がるといったリスクや不安定さがある。

お金のことを考える場合、**職業や働き方**についてもいっしょに考えることが大切だよ。

いろいろな働き方と収入

正規雇用

会社の正社員や公務員など。収入は安定し、勤続年数にしたがって給料が増えていくことが多い。

非正規雇用

アルバイト、パートタイマー、契約社員、派遣社員など。給料は時給計算なので、休むとその分減る。

個人事業主、フリーランス

会社に勤めないので働き方は自由。収入は出来高制で不安定だが、働きしだいでは高収入になることもある。

もっと知りたい

なりたい職業人気急上昇!? 動画クリエイターってなに？

動画をつくり、動画サイトで発信することを仕事にしている人を動画クリエイターや動画配信者という。ユーチューバーもそのひとつで、子どものなりたい職業の上位になっている。かれらは動画の再生回数やチャンネル登録数に応じて広告収入を得るほか、スポンサー企業からの仕事でお金をもらえることもある。人気しだいで高収入も期待できる。

用語解説

非正規雇用…働く曜日・時間、期間、職務内容などを制限する働き方。働く会社と直接契約しない派遣社員などもふくむ。正規雇用に比べ、収入が低いことが多い。

② お金との付き合い方

お金の計画的な使い方を知ろう

計画的な使い方？ 難しそうじゃのう……

おこづかいの使い方をふりかえってみよう！

① おこづかいの使い方をふりかえろう

小学生のキミたちは、毎月決まった額のお金をおこづかいとしてもらっている人が多いんじゃないかな。

おこづかいをもらうと何日かで使ってしまうタイプの人もいれば、1日いくらと決めて使う人、ほとんど使わずに貯金しておく人など、さまざまなタイプの人がいるだろうね。おこづかいは自分で自由に使ってよいお金だから、どのタイプがよいとか悪いとかいうことはない。

でも、大人になると今度は給料で家計をやりくりすることになる。自分がどのタイプか知っておくために、まずは**自分のお金の使い方**をふりかえってみるといいよ。

② キミはどのタイプ？ 散財派、堅実派、貯金派

欲しいものがあるとすぐに買ってしまい、あとで必要なものが買えなくなってしまう。翌月にくりこせるお金はほぼ0円。こんな人は「**散財派**」だ。本当に欲しいものを見つけてもお金がなくて買えないかも…。

1日に使う額を決めて、次のおこづかいをもらう日までにちょうど使い切るタイプは、「**堅実派**」だね。でも、お金は貯まらない。大きな買い物をするのは難しいかもしれない。

おこづかいの大部分を貯金するタイプは「**貯金派**」。大きな買い物をする目標があるならこれもいい。でも、毎日ががまんの日々になってしまう可能性もあるね。

用語解説

家計…家庭の経済活動のこと。企業や政府と並ぶ経済の3主体のひとつ。企業に労働を提供して賃金を得て、それをもとに物やサービスを消費して政府に納税する。

お金の使い方タイプ別しんだんチャート

質問に「はい」か「いいえ」で答えて進もう。
キミはどのお金の使い方タイプかな?

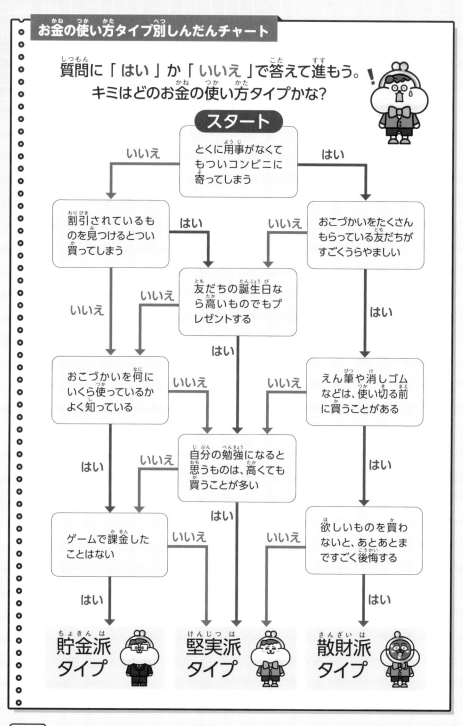

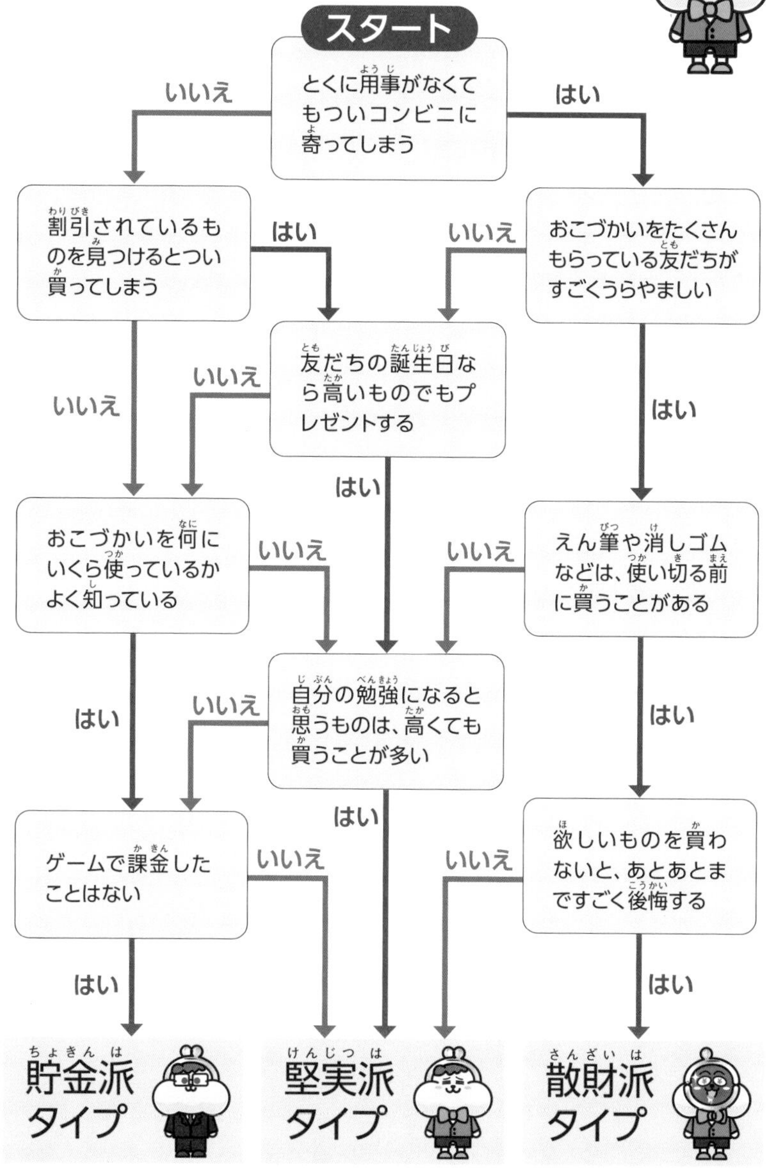

スタート

とくに用事がなくてもついコンビニに寄ってしまう
いいえ
はい

割引されているものを見つけるとつい買ってしまう
はい
いいえ

おこづかいをたくさんもらっている友だちがすごくうらやましい
いいえ
はい

友だちの誕生日なら高いものでもプレゼントする
いいえ
はい

おこづかいを何にいくら使っているかよく知っている
いいえ
はい

えん筆や消しゴムなどは、使い切る前に買うことがある
いいえ
はい

自分の勉強になると思うものは、高くても買うことが多い
いいえ
はい

ゲームで課金したことはない
はい
いいえ

欲しいものを買わないと、あとあとまですごく後悔する
いいえ
はい

貯金派タイプ

堅実派タイプ

散財派タイプ

貯金…お金を貯めておくこと。毎月決まった額を貯める場合と、額を決めずに貯める場合がある。銀行にお金を預けることは預金という。

② お金との付き合い方

お金を上手に使うには？

お金を上手に使うにはどうしたらええんじゃ！？

必要なものと欲しいものを分けよう！

① お金の使い方にも上手い下手がある⁉

まず、「お金を上手に使う」というのはどういうことかを考えてみよう。「必要なものがあるのにお金がなくて買えない」、「何も買わないでがまんする」というのは、お金を上手に使っているとはいえないよね。つまり、「お金を上手に使う」というのは、**「必要なものを必要なときに買うことができる」**状態のことを意味しているんだ。

でも、お金はいくらでもあるわけではないから、計画を立てて、買うものの**優先順位をつける**といいね。そして、優先順位の高いものから買うことが、お金の上手な使い方のポイントといわれているよ。

② 「欲しいもの」に優先順位をつける

お金を計画的に使うには、**自分がどんな物にいくら使っているかを知る**ことが大切だ。そのためには、おこづかい帳をつけるといい。買ったものをふりかえって、自分にとって**「必要なもの」**、**「欲しいもの」**、**「買わなくてもよかったもの」**の3種類にそれぞれ分けてみよう。

「買わなくてもよかったもの」は、今度から買わないように気をつけよう。また、「欲しいもの」は、優先順位をつけ、お金に余裕があるときに買うようにして、使ってよい金額も決めるといいよ。

こうするだけで、お金の使い方がかなり上手になるはずだ。

用語解説 **収入と支出**…収入とは自分の手元に入ってくるお金のこと。主に給料や売上を指す。支出とは、ある目的のために自分のお金を支はらうこと。

お金の上手な使い方

買い物したものを「必要なもの」、「欲しいもの」、「買わなくてもよかったもの」に分けてみよう。

必要なもの えん筆、ノートなど

→ 必要なときに必要な数だけ買う。

欲しいもの ジュース、アイス、トレーディングカードなど

→ 優先順位をつけて余裕があれば買う。

買わなくてもよかったもの おかし（買いすぎた）、色えん筆（同じものを持っていた）

→ 次からは買わないようにする。

もっと知りたい

おこづかい帳をつけてお金の使い方をチェック！

おこづかい帳をつけるなら、できるだけシンプルにしたほうが続けやすい。収入や支出があったら、すぐにつけるのがポイントだよ。まずは122ページのおこづかい帳を使ってみよう。

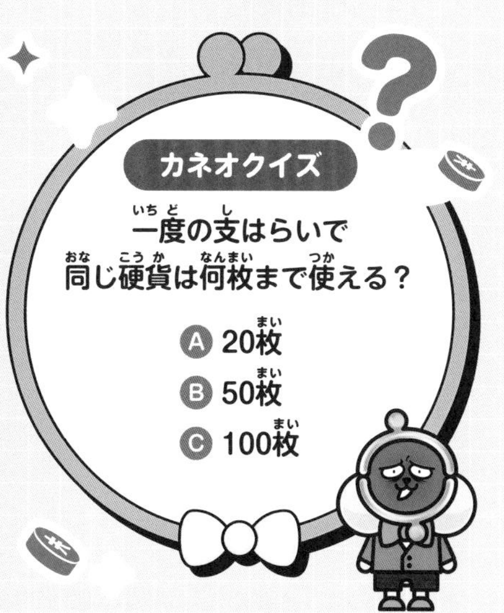

カネオクイズ
一度の支はらいで同じ硬貨は何枚まで使える？
A 20枚
B 50枚
C 100枚

硬貨は一種類につき、一度の支はらいで20枚まで使ってよいと法律で決められている。例えば1円玉100枚で100円のおかしは買えないよ。一方、紙幣（お札）には制限がない。

② お金との付き合い方

友だちとのお金の貸し借り

ジュースを買うのにお金を貸してくれい！

カネオくん……仲が良くてもお金は貸せないよ！

① お金の貸し借りはトラブルの元なので注意

友だちといっしょに遊びに行ったとき、みんなでジュースを買って飲もうとしているのに、キミだけお金を持っていなかったらどうするかな。**友だちのだれかにお金を借りようとするかもしれないね。**

でも、子ども同士でお金を貸したり借りたりするのはやめたほうがよい。貸した側はいつ返してもらえるかわからず、「返して」とも言いづらくなるかもしれないね。それがもとになって、トラブルになったり、せっかく築いた**友だちとの友情がこわれてしまう**かもしれないよ。友だちにお金を貸してと言われても「親との約束だから」と言って断ろう。

② おごる・おごられるも絶対ダメ！

だれかにジュースなどをおごってもらうといったことも、お金を貸し借りしているのと同じことなので、やめよう。ほかにも**電子マネーを使って支はらうとき**などは現金を使わないから**おごられていると気付きにくい**ので注意しよう。もちろん、子ども同士でお金をあげたりもらったりすることもしてはいけないよ。

子どもだけで電車で出かけ、一人がさいふをなくしてしまい、帰れなくなった。そんな場合は、例外中の例外としてお金を貸してあげることもやむをえないけど、すぐに保護者に伝えようね。基本的には、**お金の貸し借りはしない**と決めておこう。

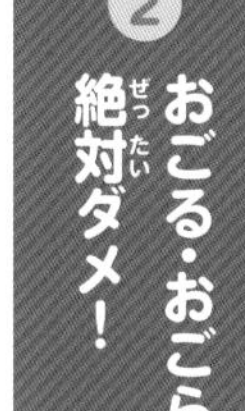

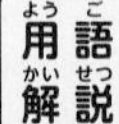

用語解説

電子マネー…キャッシュレス決済の方法の1つ。交通系、流通系、クレジットカード系、QRコード系などがある。支はらい方式は、前ばらい、即時ばらい、後ばらいがある。

お金の貸し借りで起こるトラブル

友だち同士のお金の貸し借りは、さまざまなトラブルの原因になる。

お金を貸した人

- 貸したお金が返ってこない場合がある。
- ほかの人からも「お金を貸して」といわれる。
- 貸した相手がそのことを忘れてしまっていて、自分から友だちに「返して」といいづらくてお金が返ってこない。

お金を借りた人

- 利息をつけて返してほしいと言われて困ってしまう。
- 借りたお金を返せなくなる。
- お金を返したのに「返していない」といわれる。

お金の貸し借りには、ルールが必要だね。子ども同士ではうまくいかないことが多いし、「お金を上手に使う力」も身につかなくなってしまうからお金の貸し借りは絶対にしないように!

もっと知りたい

大人の世界のお金の貸し借りの方法

大人の世界では、お金の貸し借りは契約という約束を交わすことで行われる。借りたお金を返す際に、利息をつけて返す取り決めをするのが一般的だ。契約書には、お金を返す時期と利息の割合、返済がおくれた場合にどうするかなどが書かれている。この約束を守らないと、信用をなくし、クレジットカードが使えなくなってしまうこともある。

用語解説 利息…借りたお金を返す際に一定の割合ではらうお金。利子ともいう。お金を借りた人は、もともとの借りた分のお金(元本)に利息分を加えた金額を返さなければならない。

❷ お金との付き合い方

もっとおこづかいがほしい！

おこづかいが足らん……ピンチじゃ！

増やしてほしい理由をしっかり伝えてみよう！

① おこづかいを増やしてほしい理由を伝えよう

キミはおこづかいを保護者からもらっているよね。保護者は、キミの年れいにふさわしいと考える金額をおこづかいとしてくれているのだから、まずはその中でやりくりすることを考えよう。

それでもおこづかいを増やしてほしいと思ったときは、**「なぜおこづかいが足りないのか」**、**「あといくら増やしてほしいのか」**などをわかりやすくまとめて保護者に伝えて交渉することを考えてもよいかもしれないね。

根拠を示して相手にわかりやすく説明するプレゼンテーションの練習にもなるよ。

② おこづかい帳を活用して説得してみよう

保護者に納得してもらうには、「必要なもの」が何で、それにはいくら必要なのかなどを、根拠にもとづいて説明することが大事。これで説得力がぐっとアップする。

では、根拠として何を示したらよいのだろうか。これは**データとして、おこづかい帳を示すとよい。**おこづかいで買っているものが必要なもので優先順位が高いものに限られていること、むだづかいをしていないこと。それでも必要なものを買うには、おこづかいが足りないことを説明すればわかってもらえるはずだ。もちろんおこづかい帳には事実をありのままに書いておこうね。

用語解説

プレゼンテーション…企画などの内容や目的を説明すること。プレゼンともいう。資料を示しながら、わかりやすく、論理的に話すことが求められる。

おこづかいの金額を上げてもらうには……

おこづかいを上げてもらうには、なぜ必要なのかについて
その根拠を示しながらおうちの人を説得することが大切だよ。

例1 必要なものがいくらか示す

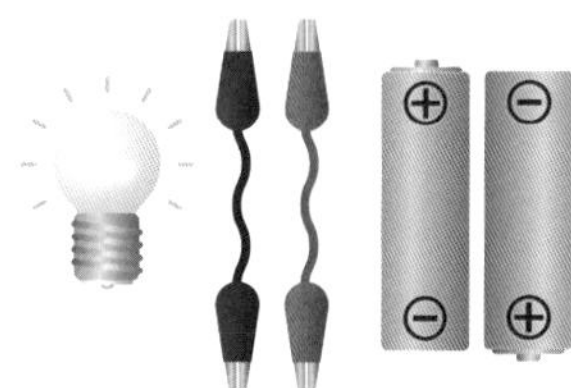

自由研究で使う実験道具を買いたい

100円ショップで調べてみると、合計600円する。
自分のおこづかいは毎月500円なので買えない。

必要なものと判断されれば、おこづかいとは別に買うためのお金を用意してもらえるかもしれない

例2 欲しいものがいくらか示す

毎月読みたい科学の雑誌がある

1冊500円なので買うとおこづかいが0円になって
ほかに何も買えなくなってしまう。

理科の勉強にもなるなど、勉強に役立つことを伝えると欲しいものの分をおこづかいに上乗せしてもらえるかも

もっと知りたい

うれしいお年玉、みんなはどうしている？

お正月にもらえるお年玉をどうするのかは、家庭によってそれぞれちがう。子どもが管理する場合もあれば、金額が大きくなるので保護者が預かる場合など、さまざまだ。ゲーム機など大きな買い物のときは、おこづかいに加えてお年玉をあててもいいけれど、何にいくら使うのかは保護者に相談してから買うのがよい。

用語解説

お年玉…新年のお祝いとして、主に子どもがもらえるお金。江戸時代にもちや品物を目上の人から目下の人にあげた習慣が続いていると考えられている。

❷ お金との付き合い方

小学生でも働いてお金をかせげるの？

小学生でも働いてお金をもらってええんか？

基本的には禁止だけど、会社をおこすことはできるよ！

❶ 教育を受けさせる義務 働くのは基本的にNG

自分が自由に使えるお金を増やすために働きたいと考える小学生もいるかもしれないね。でも、法律で、**中学校を卒業するまでは働いてはいけないと定められているんだ。**小学校と中学校は義務教育といって、国民は子どもに教育を受けさせなければならないので、その期間は子どもは勉強をすることが優先され、働くことはできないんだ。

ただし、**映画や演劇などの子役**としてなら、小学生やもっと低い年れいの子どもでも働くことができる。これは特別な例外で、働いてよい時間などが厳しく制限され、労働基準監督署長の許可が必要なんだ。

❷ 会社をおこして運営するのはOK

新しく会社をおこすことを**「起業」**というけど、会社をおこすことについては年れい制限がない。だから、**小学生でも会社をおこして社長になることができるんだ。**ただし、会社を設立するために必要な印鑑証明書という書類は15歳以上でないと取れないので、会社の代表にはなれないんだ。小学生で起業する人もいるけど、保護者が代表になっている場合が多い。

起業すれば会社の売り上げから給料をもらうこともできるので、お金を得ることは可能だ。でも、会社の経営は大変なことも多いから覚悟は必要かも…。

用語解説
登記…一定の事項を一定の手続きにしたがって、登記簿という帳簿に記入すること。会社や不動産(家と土地)などについて行われる。権利を保護し、取り引きを安全にするために行う。

どうやって起業するの？

会社を設立（起業）するには、次のような手順が必要だよ。

①会社設立の準備

- 会社の名前を決める
- 事業（どんな仕事をするのか）目的を決める
- 資本金を用意する
- 印鑑をつくる

②定款をつくる

- 会社のルールを決めて文書にする

③登記書類をつくる

- 資本金のはらいこみ証明書や印鑑証明書などを用意する

④登記をする

- 法務局で会社を登記する

⑤開業を届け出る

- 税務署や会社をつくる都道府県などに開業の届け出をする

⑥会社設立の完了

- 会社の運営を始める

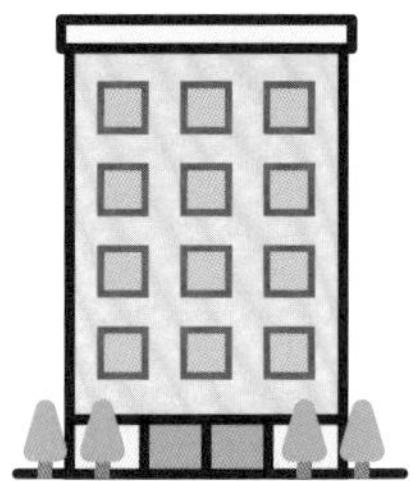

もっと知りたい

アメリカの子どもたちは？

アメリカでは、子どものころから起業の精神を教えている。レモンのしぼりじるに砂糖を入れて冷たい水で割ったレモネードを売るレモネード・スタンドを開いて事業の運営を学んだりしているよ。

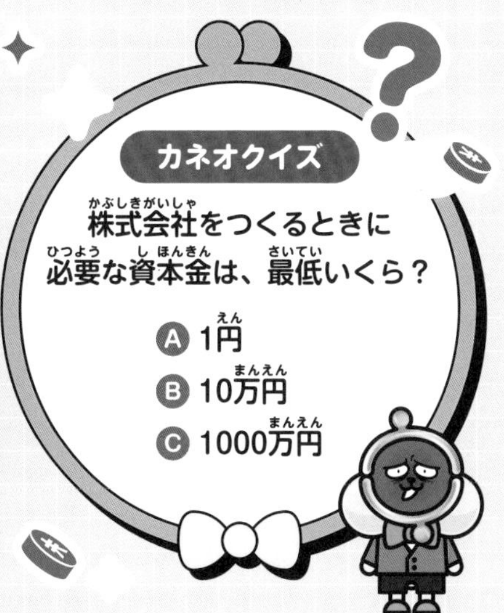

カネオクイズ

株式会社をつくるときに必要な資本金は、最低いくら？

Ⓐ 1円
Ⓑ 10万円
Ⓒ 1000万円

クイズのこたえ 

以前は1000万円以上の資本金を用意することが必要だったが、2006年に会社法が改定されてからは1円以上、いくらでもよいことになった。

中学生起業家に突撃！

小中学生でも起業ができる？ そんな話を聞き、興味津々のカネオくん。
横山先生からの紹介で、中学生社長に会いに行くことに！

カネオくん！小学生の時に会社を立ち上げた人がいるから会ってきたら？
小学生で社長…ホンマなんか？気になるのう。
いざ名古屋へ！

こんにちは！
こんにちは！カネオくん。株式会社マイヤリングスの水野と申します。中学2年生です。
MAIEARRINGS
取締役社長
水野 舞
Founder CDO Mai Mizuno
株式会社マイヤリングス
これ、名刺です。
ぺたぺた
ガチの社長さんじゃあ〜！

早速じゃが、おぬしの会社は何をやっとるんじゃ？
耳につけないイヤリング「マイヤリング」を販売しているアクセサリー会社です。

マイヤリング？初めて聞くのう。

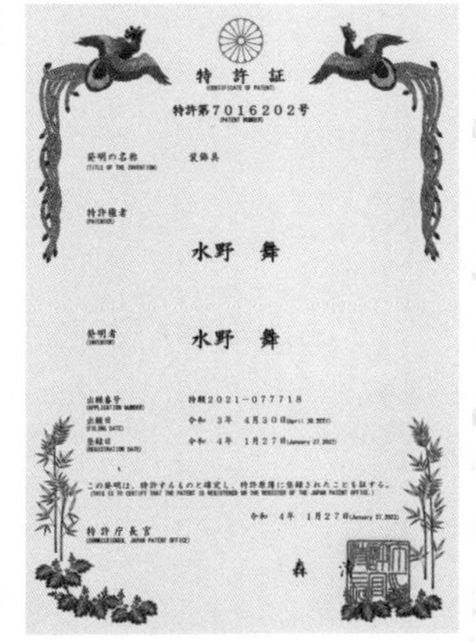

私が特許を取ったアクセサリーなんです。

！
とっ！特許じゃと～!?

特許を取ったことがきっかけで、その商品を販売する会社を小学6年生のときに立ち上げたんです。

小学生で特許取得に起業まですごすぎじゃろ！

私は小さい頃に病気で入院をしていたのですが、その頃から工作が好きで色んなものを作っていました。

お絵かきや折り紙遊びをしたり…

病室ではマスキングテープで遊んだり…

ある日、母のつけているピアスにあこがれてイヤリングをしたんですけど、耳が痛くてつけられませんでした。

そこで、小学2年生の時に「耳につけるのではなく髪留めにしたら?」と思いついて作ってみたんです!

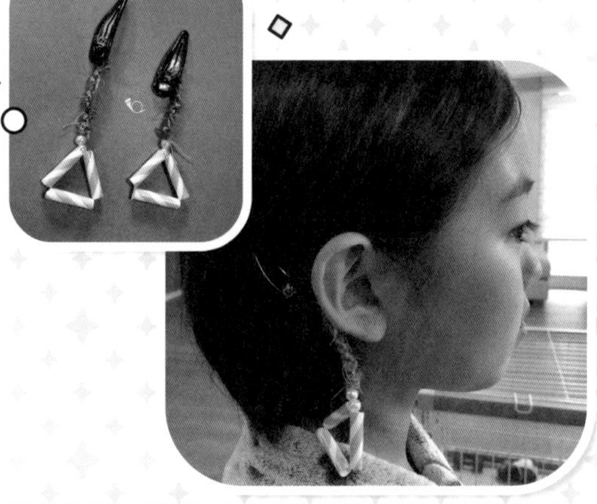

耳の後ろにつけるから、髪留めの飾りがイヤリングみたいに見えるんです。

けどまだ中学生じゃし、大変なこともあるじゃろ?

学業との両立は大変かな。制作や取材対応は学校から帰ってきたあとにしています。

大人にも助けてもらいながら、商品開発や販売価格の設定など社長として色んなことを決断しています。

どんな時がうれしいかの？

やっぱりお客様からポジティブな声を頂いた時ですね！

親子でおそろいで楽しんでいます！

金属アレルギーであきらめていたけど、おしゃれができた！

ちなみに…もうかっとるんか？

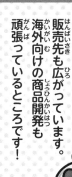

少しずつ販売先も広がっています。海外向けの商品開発も頑張っているところです！

これからは起業をしたい子どもたちをサポートする取り組みもやってみたい！

何か実現したいアイデアがある子にはぜひ色んな人にたよってチャレンジしてほしい！と伝えたいです。

カネオくん！どうだった？

いやー、すごかったのう。

水野さんのように自分のアイデアを形にしている小中学生が増えてきているんだよ！

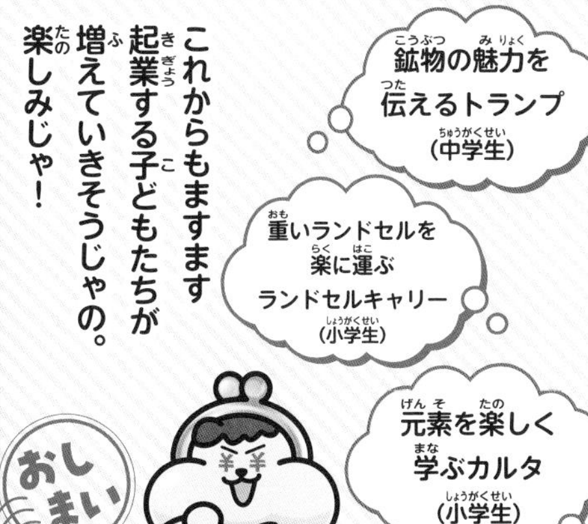

鉱物の魅力を伝えるトランプ
（中学生）
重いランドセルを楽に運ぶ
ランドセルキャリー
（小学生）
元素を楽しく学ぶカルタ
（小学生）
おしまい

これからもますます起業する子どもたちが増えていきそうじゃの。楽しみじゃ！

教えて横山先生！

おかねコラム❷

横山家のマネー会議をのぞき見！

この本の監修者・横山先生の家では、家族全員でお金の使い方について話すマネー会議を毎月開いているんだって。その内容について聞いたよ！

マネー会議では何を話し合うんですか？

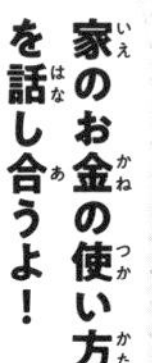

家のお金の使い方を話し合うよ！

マネー会議では、家族全員が30分～1時間くらい、家のお金の使い方について話し合うよ。家の収入に対して、食費や光熱費がいくらかかったかなどの支出や、家族の貯金の増減などを報告して、買うものなどを決めるんだ。家族みんなで使う電気製品などは、全員の賛成がないと買うことができないんだよ。

マネー会議では、家計などについて話し合うことで、子どものころからお金のことをしっかり考えられるようになるという利点があるんだ。

事例1　欲しいものを分担して買う

ある子どもから、シリーズのまんが本を全巻買いたいという意見が出た。でも1人のおこづかいでは買えないので、そのまんがを読みたいきょうだいがお金を出し合い、分担することで買えることになった。

事例2　おこづかいのはんいで買えるものを買う

「バイオリンをひいてみたい」と言い出した子がいた。でも、ひきたいのはその子だけだったので、家計からお金を出すことは認められなかった。そこで、その子は、おこづかいを貯めた貯金で買える値段のバイオリンを買った。

事例3　収入と支出の差を投資に回す

毎月の家計の収入と支出の差額を、投資信託などで運用するようにしている。何にいくら投資するかはマネー会議で出た意見をもとに、親が管理している。実際の投資を通じて、子どもたちもお金を増やすことについて学ぶことができる。

カネオのひとこと

会議を習慣にすることで、お金の話だけでなく家族の会話のきっかけにもなるんじゃな～！

3時間目

経済のしくみ

物の値段がどうやって決まるのか、キミは知ってる？
「インフレ・デフレ」「円高・円安」など
ニュースなどでよく耳にする知っておくべき言葉の意味や
経済のしくみについて学ぼう！

③ 経済のしくみ

経済ってなに？

「経済」ってそもそも何なんじゃ？

僕らの生活に欠かせないお金の流れのことだよ。

① 生産と消費をくり返すお金の流れが「経済」

私たちは、生活するために食べ物や洋服などを買い、電気やガス、水道などを使っている。このことを**「消費」**というよ。そのためには、まずお金が必要だね。生活に必要なお金を手に入れるために大人たちは働いているんだ。

いっぽう、みんなの生活に欠かせない物やサービスを会社などがつくることを**「生産」**という。つくられた物やサービスは世の中に流通し、それを必要とする人によって消費される。そしてこの消費と生産を交換するときにお金が使われる。このように**生産と消費をくり返すお金の流れ**のことを**「経済」**というよ。

② 経済の3主体は「家計」「企業」「政府」

経済活動を行うまとまりは**「家計」**、**「企業」**、**「政府」**の3つがある。家計は、主に家族のまとまりで、家族が働いて得た収入を、食事や衣服、住居などに使って生活を営んでいる。企業は、さまざまな物やサービスを提供するまとまりで、工場を建てたり、従業員をやとったりして、事業を営んでいる。政府は、税金を使って、国民のために、警察や消防、公共工事などのサービスや社会保障を提供している。

家計、企業、政府のことを**「経済の3主体」**といい、その間をお金が回っている。お金の流れを支えるはたらきをするのが銀行だよ。

用語解説　経済の３主体…経済活動を行う主体（まとまり）のこと。家計、企業、政府の３つを指す。お金や物、サービスがこれらの間を回っている。

家計・政府・企業の間を
お金が姿を変えてまわっている。

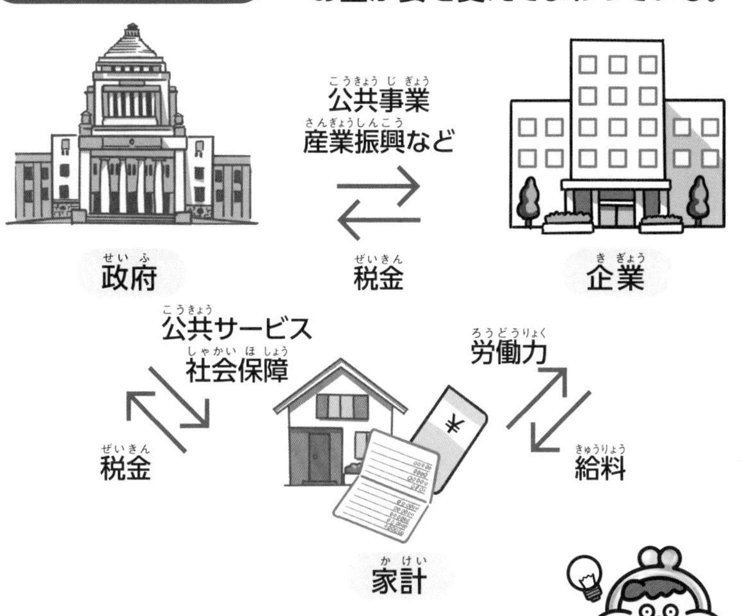

世の中をお金がぐるぐる
まわっとるんじゃな～

もっと知りたい

ニュースでよく聞く“金融”ってなに？

　個人で家や自動車などを買おうとする場合、お金を借りることがある。また、企業が設備を増やしたり事業を広げたりする場合、不足するお金を借り入れることがある。このように、世の中でお金が不足しているところにお金を回す役割をすることを金融といい、銀行や保険会社などが金融を担っている。

用語解説

金融…お金（資金）が余っているところから不足しているところに回す（融通）橋わたしをすること。資金を融通することから、金融という。

物の値段はどうやって決まるの？

なんで物の値段は上がるんじゃ？

物の値段がどう決まっていくのか見ていこう！

1 値段にふくまれる3つの要素を知る

世の中にある物やサービスには、それぞれ値段がつけられているね。例えば200円のチョコレートには、カカオや牛乳などの**原料代**（**原価**）と、工場でつくるための人件費や光熱費、工場の設備費用のほか、輸送費やパッケージのデザイン費、宣伝費などの**経費**、そして会社が得る**利益**がふくまれている。

このように、商品の値段は、**「原価＋経費＋利益」**の合計になるんだ。商品の値段を高くすれば利益は増えるけれど、売れる数は減ってしまうと考えられる。反対に安くすれば売れる数は増えるが、利益はそれほど上がらなくなってしまうよ。

2 買いたい人と商品の数で値段が変わる

スーパーなどで、同じ野菜なのに日によって値段がちがっていることに気付いているかな。同じものでも値段が変わるのは、その**商品を買いたい人と商品の数のバランス**が変わるからだ。

商品の数が少ないときに買いたい人が多いと商品の値段は高くなる。逆に商品の数が多いのに買いたい人が少ないと商品の値段は安くなる。野菜や魚のように季節や天候などによってとれる数が変わるものは、値段が変わりやすい。

たくさんとれる旬の時期のものは安くておいしく、栄養も豊富なのでお買い得だよ。

用語解説 原価…商品の原材料費をさすが、商品の値段から利益を除いた全体をさすこともあるので、どちらの意味で使われているのかは注意が必要。

物の値段の決まり方

商品の値段には、次のものがふくまれているよ。

※チョコレートの場合

原価
- カカオ
- 牛乳
- 砂糖　など

経費
- 人件費
- 工場の設備費
- 水道光熱費
- 輸送費　など

利益

物の値段が変わるのは……

売られている商品が少なく、買いたい人が多いと高くなる。

売られている商品が多く、買いたい人が少ないと安くなる。

もっと知りたい

需要と供給のバランスで値段が決まる

ある商品を必要として買おうとする量を「需要」といい、商品を生産して売ろうとする量を「供給」という。需要と供給はグラフの曲線で表され、2本の曲線が交わる点が商品の値段になる。

カネオクイズ
100円ショップの
経費を下げるしくみとは？
A 必ず全部の商品が売れる
B 商品を並べなくてよい
C 値札がいらない

あつかう商品が同じ値段なので、商品に値札をつけなくても値段がわかる。人件費の節約にもなるので、その分を利益に反映できる。

❸ 経済のしくみ

景気ってなに？

「けいき」ってなんじゃ？　おいしそうじゃのう。

「景気」は経済の様子を表しているんだよ。

① 好景気と不景気で変わる世の中を回るお金の量

世の中の経済状態のことを「**景気**」といい、経済状態がよいことを「**好景気**」、反対に悪いことを「**不景気**」というよ。

好景気のときは、世の中を回るお金が多い。物を買う人が多くなり、たくさん物が売れるので、企業の売り上げが上がって従業員の給料が増えるんだ。すると、ますます物が売れるようになるね。

反対に**不景気**のときは、世の中を回るお金が少ない。物を買う人が少なく、あまり物が売れないので企業の売り上げが下がり、従業員の給料が減る。すると、さらに物が売れなくなる。

② 政策で好景気の持続をサポート

好景気も不景気もずっと続くことはなく、長い年月をかけて波のようにくり返されている。これを「**景気の循環**」という。

社会にとっては好景気が続くことが望ましいので、日本銀行や政府は、世の中に出回っているお金の量を調整しながら景気をよくする政策を行っている。

日本銀行は、不景気のときは銀行を通して多くのお金が世の中に行きわたるように**金融政策**を行っている。また、政府は、**税率を調整**するほか、国が手がける道路工事などの公共事業を増やすなどの**財政政策**を行って、世の中のお金を調節しているよ。

用語解説
財政政策…政府が景気を調整するために行う政策。通貨の流通量を調節するために税金を軽くしたりする税制や、道路工事などの公共事業を増やしたりする。

好景気と不景気のしくみ

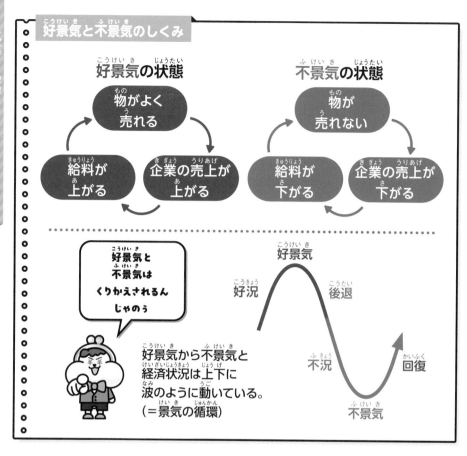

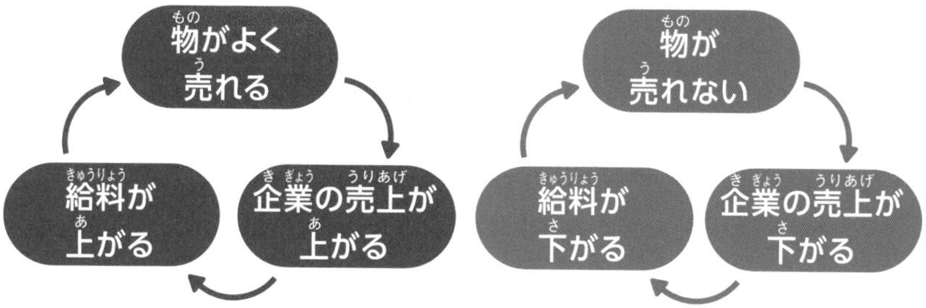

好景気の状態

物がよく売れる → 企業の売上が上がる → 給料が上がる → 物がよく売れる

不景気の状態

物が売れない → 企業の売上が下がる → 給料が下がる → 物が売れない

好景気と不景気はくりかえされるんじゃのう

好景気から不景気と経済状況は上下に波のように動いている。(＝景気の循環)

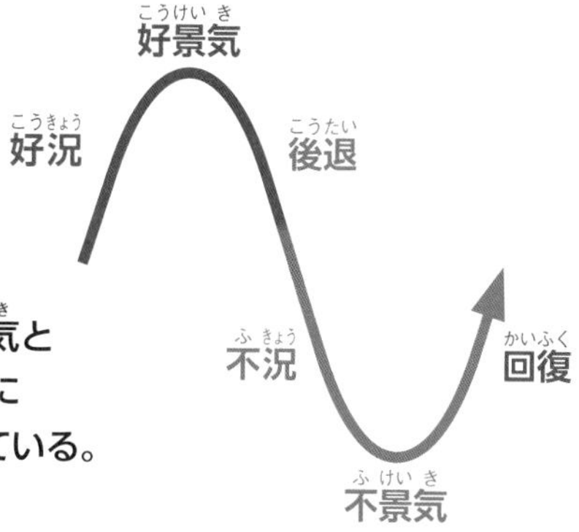

好況 → 好景気 → 後退 → 不況 → 不景気 → 回復

もっと知りたい

戦後の高度経済成長

太平洋戦争の敗戦で痛手を負った日本は、1950年の朝鮮戦争をきっかけに経済回復に向かった。1955年ごろから1973年ごろまでに高度経済成長をとげ、当時世界第2位の経済大国となった。

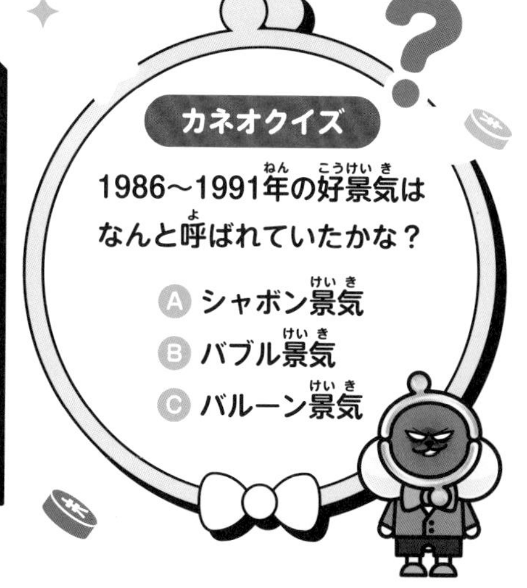

カネオクイズ
1986～1991年の好景気はなんと呼ばれていたかな？
A シャボン景気
B バブル景気
C バルーン景気

経済の実体からはなれて土地の価格が上がったことを背景にした好景気で、あわ(バブル)のようだというたとえから「バブル景気」と呼ばれていた。

③ 経済のしくみ

インフレ・デフレってなに？

日本は長い間デフレなんじゃって？

そうだね、不景気の状態が続いているんだ。

1 物価の変動を示すインフレ・デフレ

さまざまな物やサービスの値段を物価というんだけど、物価の変動は経済活動に大きなえいきょうをあたえているよ。

「**インフレ**」とは「**インフレーション**」のことで、物価が上がり、お金の価値が下がることをいう。好景気のときは、物がたくさん売れるので、需要と供給のバランスから物の値段が上がっていくんだ。

「**デフレ**」とは「**デフレーション**」のことで、インフレとは反対に物価が下がり、お金の価値が上がることをいう。不景気のときは、物があまり売れずに物の値段が下がっていく。この状態が続くことがデフレだ。

2 経済に影響をおよぼすインフレ・デフレ

ほどほどのインフレは、経済が活発になるので望ましいと考えられている。物価が上がることで企業の売り上げが増え、従業員の給料が上がり、物が売れるという、よい状態になるからだ。でも、急激にインフレが進むと、物価が上がりすぎて給料の上昇が追いつかずに経済が混乱する。このような状態を、**ハイパーインフレ**と呼ぶ。

デフレは、経済にとってはよくない状態だ。物価が下がるのは一見よいことのように思えるが、企業の売り上げが減るため、従業員の給料が下がり、さらに**物が売れなくなるといった悪循環**になるからだよ。

用語解説 物価…物やサービスの値段を集計して、全体としてとらえた数値。基準となる年の物価を100として、それに対して上がったか下がったかを表す数値を物価指数という。

インフレとデフレ

インフレ(インフレーション)は、物価が上がること。
物の価値が上がって、お金の価値が下がる。

デフレ(デフレーション)は、物価が下がること。
物の価値が下がって、お金の価値が上がる。

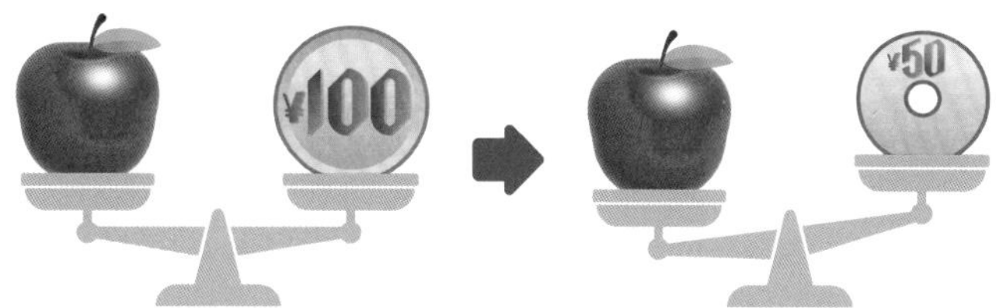

もっと知りたい

100万円が1円の価値に!? こわいハイパーインフレ!

ハイパーインフレになると、物価が短期間で数倍になってお金の価値が大きく下がるよ。2021年のベネズエラではハイパーインフレが起こり、日本円でいうと100万円が1円の価値になったよ。

カネオクイズ
値段が上がりにくい「物価の優等生」と呼ばれる食品は?
A チョコレート
B 卵
C トマト

卵は昔から価格の変動が少ないことで知られてきた。しかし、2022年頃から鳥インフルエンザの影響やエサとなる飼料の値上がりによって、値段が上がっているんだ。

③ 経済のしくみ

円高・円安ってなに？

円が高い、安いとはどういうことじゃ？

他の国の通貨に対する円の価値のことだよ！

① つねに変わり続ける円とドルの為替相場

日本のお金は「**円**」だけど、アメリカは「**ドル**」を使っている。旅行などで日本からアメリカに行くときには、持っている円をドルに交かんする必要があるけれど、いくらの円をいくらのドルと交かんするかの比率（**為替相場**）は固定されていないので、毎日変わるんだ。例えば、1ドル＝100円のときもあれば、1ドル＝120円に変わることもある。

例えば、円とドルの比率が、1ドル＝100円から1ドル＝120円になると（円の価値が安くなる）「**円安**」、逆に1ドル＝100円から1ドル＝80円になると（円の価値が高くなる）「**円高**」というんだ。

② 円の価値の変化を表す円高・円安を知ろう

1ドル＝100円から1ドル＝120円の場合、円の数字は上がっているのに、なぜ円安というのか不思議に思うかもしれないね。

1ドル＝100円のときは、100円で1ドルが手に入るのに、1ドル＝120円になると120円出さないと1ドルが手に入らない。つまり、それだけ**円の価値が下がっている**ことになる。だから円安というんだ。1ドル＝80円になると、80円で1ドルが手に入るので、その分**円の価値が上がっている**ね。これが円高だ。

ドル（他国のお金）に対する**円の価値の変化**が円高・円安なんだね。

用語解説　為替相場…ある国のお金を別の国のお金にかえる際の交かん比率。為替レートともいう。為替相場は、日々刻々と変化している。

円高と円安

円高は、ドルに対して円の価値が上がること。
円安は、ドルに対して円の価値が下がること。

1ドル＝100円

80円 円高	円の価値が上がるから1ドルに対して必要なお金が少なくなる	円の価値が下がるから1ドルに対してたくさんのお金が必要になる	120円 円安

		円高のとき	円安のとき
・外国から輸入した物（肉など）の値段		 下がる	 上がる
・外国で売る日本の製品（車など）の値段		 上がる	 下がる
・海外旅行先での買い物の値段		 下がる	 上がる

もっと知りたい

円高・円安はなぜ起こる その原因は？

ドルを売って円を買いたい人が増えると円の価値が上がる円高になり、円を売ってドルを買いたい人が増えると円の価値が下がって円安になる。各国の経済状況などによって円高・円安になる。

カネオクイズ
円とドルの為替相場が決まっていた時代の1ドルはいくら？
A 100円
B 360円
C 550円

太平洋戦争後、1ドル＝360円の時期が続いた。このようなしくみを固定相場制という。現在のような変動相場制になったのは、1973年以降。

③ 経済のしくみ

世界のお金

世界にはドル以外にどんなお金があるんじゃ？

ヨーロッパで使われているユーロなどさまざまだよ。

① アメリカのドルは基軸通貨

日本ではお金の単位は**「円」**だけど、世界の国・地域では、それぞれ別の単位のお金が使われているよ。各国で使われているお金のことは**「通貨」**とも呼ぶんだ。

アメリカの通貨は**「ドル」**で、国際的な貿易などをする場合には、自国の通貨ではなくドルが使われることが多い。これは、アメリカが世界一の大国で、ドルが最も信用されている通貨だからだ。このように、国際取引で使われる通貨を**「基軸通貨」**という。

イギリスの通貨は**「ポンド」**で、その昔イギリスが世界一の大国だった時代には、基軸通貨だったよ。

② ヨーロッパでは共通の通貨を使う！

ヨーロッパの国々の27国が加盟する**ヨーロッパ連合（EU）**の20か国では、共通の通貨**「ユーロ」**が使われている。

ユーロを使う国同士であれば、通貨を両替しなくてもよいので便利だし、貿易もスムーズにできる。ユーロは、ドルに次いで2番目に多く取り引きで使われている。

ほかに、中国は**「人民元」**、オーストラリアは**「オーストラリアドル」**、スイスは**「フラン」**、韓国は**「ウォン」**といった通貨が使われているよ。

それぞれの通貨ごとに紙幣（お札）や硬貨（コイン）が発行されている。

用語解説
基軸通貨…世界的に流通している通貨（国際通貨）のうち、中心的に使われる通貨のこと。現在はアメリカのドルが基軸通貨とされている。

世界のお金を見てみよう

●アメリカ…$（ドル）

1ドル札には、アメリカ合衆国初代大統領のジョージ・ワシントンがえがかれている。

●EU加盟国のうち20か国…€（ユーロ）

硬貨は、金額が書かれている面は共通デザイン（左）。反対面は国ごとにデザインがちがう（下）。

オーストリア

ベルギー

フランス

●スイス…スイス・フラン

タテ型のデザインが特ちょう。額面ごとに赤や青、黄色、緑色などとってもカラフル。50スイスフランには、アルプスとスイスを代表する標高4000m以上の名峰の名前ものっているんだ。

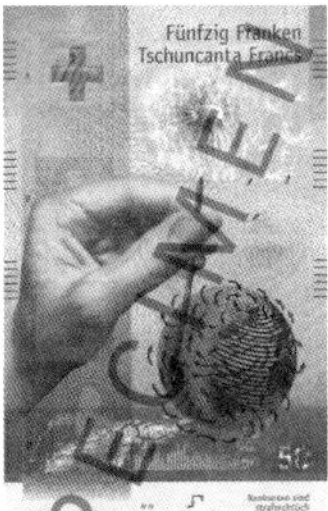

●イギリス…£（ポンド）

●中国…中国人民元

●オーストラリア…オーストラリアドル

●韓国…ウォン

●インド…ルピー

用語解説 ユーロ…EU（ヨーロッパ連合）加盟国のうち20か国で共通に使われる通貨。1999年に銀行間の取り引きなどから導入が始まり、2002年から現金が利用されている。

日本銀行&貨幣博物館に突撃！

横山先生といっしょに日本銀行を見学することになったカネオくん。
日本のお金の移り変わりがわかる博物館にも行ってきたよ。

日本銀行さん、空からおじゃましますよ〜
お金がたくさんありそうじゃ。
おーい ここだよ！
上から見ると「円」の字になっとるんか！さすがは日本銀行じゃ。
だれか呼んどるのう。

横山先生！待っててくれたんか。
カネオくんだけじゃ心配だからね！

風格のある建物じゃのう。
国の重要文化財になっているほどだからね。

おじゃましま～す！
ここは中庭だね。
昔は正面玄関への入り口だったんだよ。
馬車が使われていた時代の馬の水飲み場もあるよ。
来た記念に、口座を開こうかのう。
キョロ
キョロ
キョロ

カネオくん！
日本銀行は、ふつうの銀行とちがって口座をつくることができないんだよ。
せっかくだから日本銀行の役割を学んでいこう。
ほえー。そうなんか！

日本銀行の役割

紙幣の発行

紙幣（お札）を発行する。紙幣は「日本銀行券」と呼ばれる。

政府の銀行

政府が集めた税金などを預かって、公共事業のために使ったり、公務員の給料を出したりする。

銀行の銀行

一般の銀行から預金の一部を預かったり、お金を貸し出したりする。

お金はどこにあるんじゃ？
ここが地下金庫の入り口だよ。
とびらの重さは25トンもあるんだ。
一般の人は中には入れないよ！
現ナマ（現金）をおがむことはできんのか…
よし！
じゃあお金がたくさん見られるところへ行こう！

おお!
早速突撃じゃ!

ここは貨幣博物館。
お金の歴史がよくわかるよ。

日本のお金の移り変わりがわかる展示があるんだよ。

日本のお金の歴史

古代のお金

683年ごろにつくられたのが富本銭。日本最古のお金とされる。

8世紀初めにつくられた和同開珎。

和同開珎

江戸時代のお金

金、銀、銭の3種類のお金がつくられた。

寛永通宝

慶長丁銀／慶長豆板銀

慶長小判／慶長一分金

江戸時代初期につくられた紙幣。

山田羽書

明治政府が発行したお金

明治時代初期には、政府が紙幣や硬貨を発行した。

太政官札（十両券）

一円金貨

五十銭銀貨

日本銀行が発行したお金

1882年に日本銀行ができ、1885年から紙幣を発行するようになった。

十円券

十円券

まるでお金のテーマパークじゃのう♪

ほえー。
まばゆく光っとるもんがあるのう！
これは分銅金といって、金を備蓄しておくために決まった重さにしたものなんだよ。

ひとつくらいもらってもバレんじゃろ。
いけません！

ほかにも見て触って体験できるコーナーもたくさんあるよ。
一億円ってどんくらいの重さなんじゃ？※
1億円分のお札の重さを体験
昔の大判の重さを体験

博物館内のショップではお札の柄のせんべいや古くなって回収された本物のお札が入っているペンなどもあるよ！
豊富なグッズ展開、たいしたもんじゃあ〜！

いろいろ勉強になって楽しかったわい！
おしまい

※1億円分のお札の重さは約10kg。

おかねコラム ❸

世界のおもしろいお金

57ページで紹介したお金以外にも世界には
ちょっと変わったおもしろい紙幣があるって知ってる？

ジンバブエのすごい数字のお札

ジンバブエという国では急激なインフレのために、びっくりするほど大きい数字の紙幣が発行された歴史があるよ。写真は、100兆ジンバブエ・ドル（英語ではmillionが100万、billionが10億、trillionが1兆のこと）。2015年に廃止。

バーコードが印刷されたお札

バーコードというのは、黒と白の線が何本か並んでいるもので、バーコードスキャナで読み取ると、数字や文字の情報がわかるしくみだ。レバノンのお札には、バーコードが印刷されているものがあり、お札の記号や番号を読み取ることができるよ。

整数ではなく分数で書かれたお札

クウェートのお金の単位はディナール。1ディナールの価値が高いため、4分の1、2分の1と、分数で書かれたお札がある。クウェートは石油などの資源が豊富で、アメリカのドルに対して世界で最も価値のある通貨でもあるんだ。1クウェート・ディナール＝3.26ドル（2024年4月時点）。

カネオのひとこと

海外旅行して世界のおもしろい
お金をもっと探してこようかの〜！

4時間目

お金と社会のしくみ

毎日みんなが安全・快適に暮らすために
社会の中でお金が使われているって知っているかな？
税金や社会保険も大切な役割があるよ。
身近な例といっしょに見ていこう！

④ お金と社会のしくみ

銀行の役割ってなに？

銀行はお金を預かってくれる場所なんじゃろ？

ほかにもとても大事な役割があるんだよ！

① 銀行は多くのお金が集まる場所

キミは銀行に行ったことがあるかな？　中には銀行口座を持っていてお金を銀行に預けている人もいるかもしれないね。銀行は、多くの人がお金を預けているところというイメージがあるかもしれないけど、では銀行はどうやって利益を上げているのか考えたことがあるかな？

銀行の役割の1つめは、**多くの人や会社などからお金を集める**ことだ。銀行にお金を預けることを**「預金」**という。銀行に預金しておけば、現金をなくしたり、ぬすまれたりする心配がなくて安心だ。また、預金には**利息（利子）**がつくので、お金が増えることになるよ。

② お金を貸し出したり送金・決済も行う

銀行は、みんなから預かったお金を、**お金を必要としている人や会社に貸している。**これが銀行の2つめの役割なんだ。家を買いたい人や、事業を広げたい会社などにお金を貸して、利息をもらっている。貸したお金につく利息は預金した人への利息よりも高いので、その差が銀行の利益になるというわけだ。

銀行にはもう1つ、**送金や決済などをする役割**がある。会社の給料がふりこまれたり、クレジットカードで使ったお金の代金が口座から引き落とされたりするのも、銀行が私たちの代わりにお金を移動してくれているからなんだ。

用語解説　口座…銀行などの金融機関で、利用者ごとにお金の出し入れの記録や計算をするしくみ。銀行の口座は「預金口座」ともいう。銀行と取り引きをするには口座を開く必要がある。

銀行とお金の流れ

貸し出すお金につく利息 ― 預金者へ支はらう利息＝銀行の利益

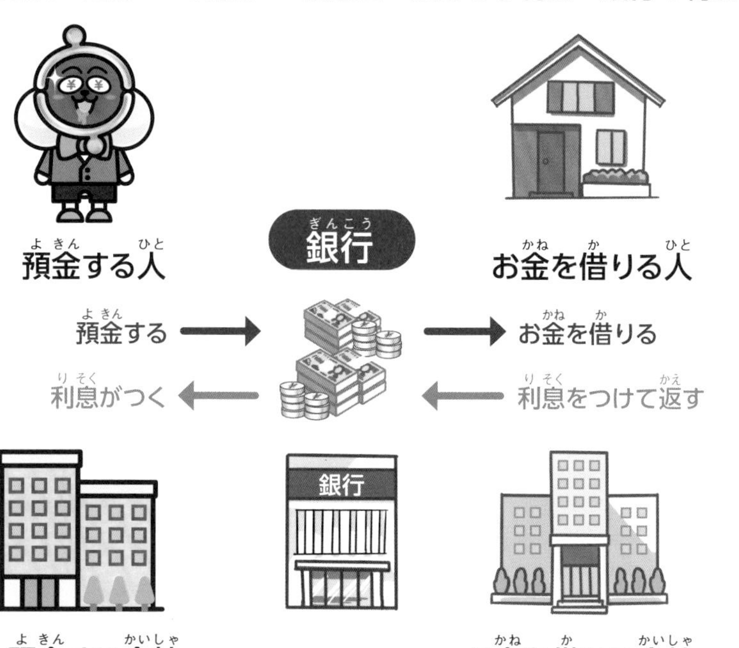

もっと知りたい

普通預金と定期預金

銀行の預金には普通預金と定期預金がある。普通預金は、いつでも自由に出し入れができる。定期預金は、1か月から10年など、決まった期間の間は自由に引き出せない代わりに普通預金よりも高い利息がつく。

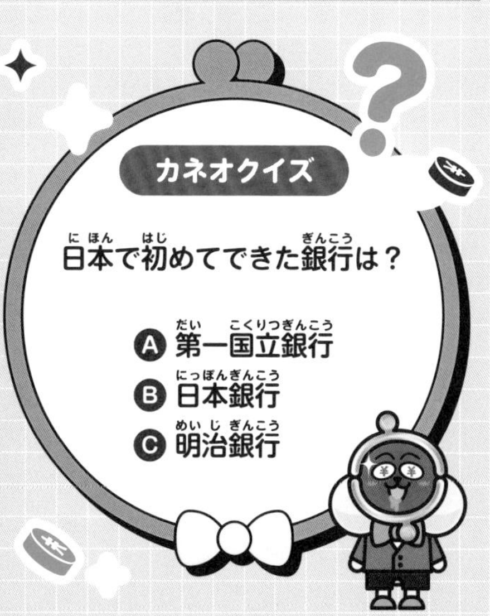

カネオクイズ
日本で初めてできた銀行は？
A 第一国立銀行
B 日本銀行
C 明治銀行

1873年に、渋沢栄一によって創設された第一国立銀行が日本初の銀行だ。「国立」という名前だが、国が経営していたわけではないよ。

4 お金と社会のしくみ

税金ってなに？

税金ってそもそも何のためにあるんかのう？

みんなの暮らしを支えるためのお金なんだ！

1 公共の仕事をするためのお金が税金

国や地方公共団体（都道府県・市区町村）は、国民が暮らしやすい社会をつくるために、さまざまな仕事をしているよ。

私たちが安心・安全に暮らすための仕事をする警察や消防、国民の教育のための学校、便利な交通のための道路や橋などの建設などは、**国民全体のために必要なこと**なので、国や地方公共団体が行っている。

また、政治や行政を行うための国会や省庁、国土の防衛などの仕事も税金でまかなわれている。

国民全体にとって大切な仕事を行うために集められているお金が**税金**なんだよ。

2 税金の使い道を決める予算

税金がなければ国や地方公共団体の仕事はできないので、**納税**（税金を納めること）は、日本国憲法で**国民の義務**と定められている。

国や地方公共団体は、納められた税金を何にいくら使うのかを決めて、さまざまな仕事がスムーズに進むようにしている。税金の使い道を決めたものを**予算**といい、予算案が毎年作成されている。

国の予算には、**歳入**（入ってくるお金）と**歳出**（出ていくお金）がある。近年の予算では、税金だけでは歳出をまかなえないため、国が借金をすることで歳入の不足分をまかなっているよ。

用語解説

予算…国や地方公共団体の収入と支出の計画。4月1日から翌年の3月31日までの1年ごとに作成される。国の予算案は、国会の承認が必要。

暮らしを支える税金

私たちの快適な暮らしや環境を維持するために税金が使われているよ！

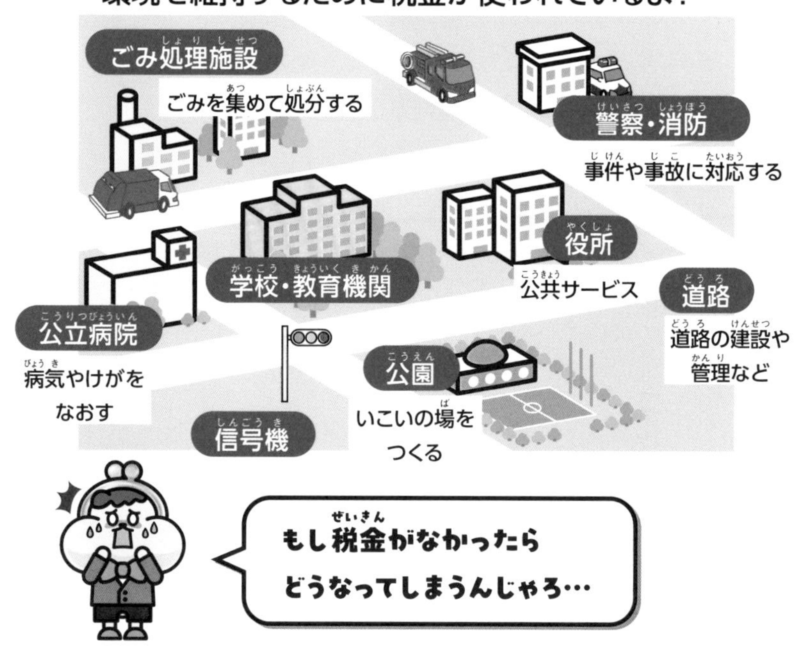

もっと知りたい

救急車は有料？無料？

税金でまかなう仕事のはんいは国によってちがう。日本では救急車を呼ぶのは無料だが、海外では「すべて有料」や「一部有料」といった国も多い。日本でも有料化が議論されている。

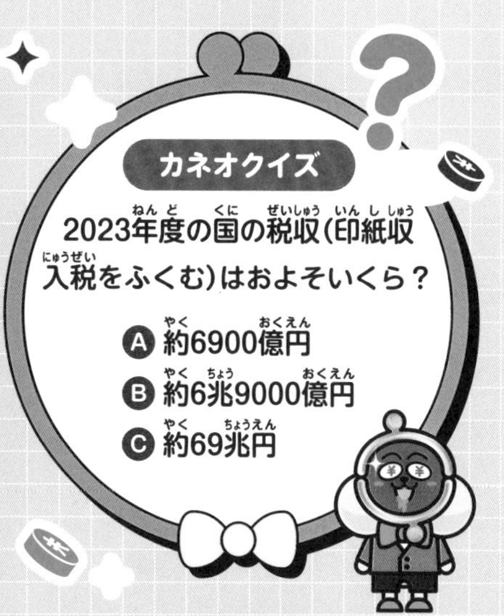

カネオクイズ
2023年度の国の税収(印紙収入税をふくむ)はおよそいくら？
A 約6900億円
B 約6兆9000億円
C 約69兆円

令和5年度予算の国の収入(歳入)は、約114.4兆円で、そのうち約69.4兆円が税金および契約書などの印紙収入だった。残りの大半は国債(国の借金)によるもの。

④ お金と社会のしくみ

いろいろな税金

税金にはどんな種類があるんじゃ？

大きく分けて、直接税と間接税があるよ！

① 納め方で分けられる「直接税」と「間接税」

税金は、納め方によって、大きく**直接税**と**間接税**に分けられる。

直接税というのは、税金を納める義務のある人と、実際に納める人が同じ。間接税はちがうんだ。

直接税には、個人の所得に対してかかる**所得税**、会社などの利益にかかる**法人税**、財産を引きついだときにかかる**相続税**、家や土地にかかる**固定資産税**などがある。

間接税には、物やサービスを消費した際にかかる**消費税**、お酒にかかる**酒税**、たばこにかかる**たばこ税**などがある。消費税は、消費者がはらうけど、納めるのは店や会社なので、間接税なんだよ。

② 納め先で分けられる「国税」と「地方税」

そのほかに、税金が納められる先によっても分けることができる。国に納める税金が**国税**、地方公共団体に納める税金が**地方税**だ。

例えば、所得税や法人税は国税で、個人の前年の所得にかかる住民税は、地方税だ。住民税には、都道府県に納める都道府県民税と区や市町村に納める区市町村民税があり、どちらも地方税だが、納める先はちがっているんだ。

消費税は、店などで支はらうときはまとめているけど、国に納める分（消費税）と地方公共団体に納める分（地方消費税）が別々になっているよ。

用語解説

消費税…商品の販売やサービスの提供に対してかかる税金。2019 年に税率が 10%（国 7.8%、地方 2.2%）になった。ただし、軽減税率制度により、主な飲食料品などは 8%。

直接税の例

法人税　自動車税　固定資産税

間接税の例

消費税　酒税　ゴルフ場利用税

もっと知りたい

所得が増えると税率がアップする

個人の所得に対してかかる所得税は、所得の額が多いほど税率が高くなる。所得の少ない人は税率が高いと負担が増えてしまうという考え方による。このような方法を累進課税という。

カネオクイズ
1989年に日本で消費税が導入されたときの税率は？
A 1%
B 3%
C 5%

消費税の導入当時は3%だった。その後、5%、8%、10%(軽減税率制度あり)と変わった。ヨーロッパでは20%以上の国が多く、世界的に見ると日本の消費税率は低いほうだ。

④お金と社会のしくみ

年金ってなに？

年金ってなんじゃ…、年をとるともらえるんか？

働けなくなったときに支給されるお金のことなんだ。

① 老齢年金、遺族年金、障害年金の3種類がある

高齢や、病気やけがのために障害者になると、働けなくなることがある。すると、収入がなくなったり減ったりして生活ができなくなるおそれがある。そんな場合にお金が支給される国のしくみを**公的年金制度**といい、支給されるお金を**年金**と呼ぶよ。

年金には3種類ある。1つは高齢になって働けなくなったときに支給される**老齢年金**で、原則として65歳から支給される。2つめは**遺族年金**で、家庭で生計を立てていた人が亡くなったときに、遺族に支給される。3つめは**障害年金**。病気やけがで障害をおったときに支給されるよ。

② 国民年金と厚生年金

日本の年金制度は、働けなくなった人を働く人たちで支える助け合いの精神で成り立つ、公的保険の1つだ。

年金制度のしくみは、**国民年金**と**厚生年金**という2つの制度で成り立っている。

国民年金は**20歳以上60歳未満の国民すべて**が、厚生年金は**公務員や会社員**が加入するもの。老齢年金は65歳以上になると受け取れるが、加入する年金の種類や保険料を納めた期間でもらえる金額が決まる。若い世代が老齢世代を支えるしくみなので、少子高齢化が進むと**若者世代の負担が増える**と心配されている。

用語解説
老齢年金…決まった年齢になると支給される年金。「年金」というときは老齢年金をさすことが多い。国民年金への加入は義務で、10年以上加入すると老齢年金が支給される。

年金制度のしくみ

年金制度は、働く人が働けない人たちを支えるしくみ

高齢者

障害のある人

生計を立てていた人が亡くなった人

老齢年金　障害年金　遺族年金

助け合いの精神
なんじゃのう

国民年金
厚生年金保険料

税金

もっと知りたい

少子高齢化と年金制度

計算上、1950年は現役で働く12.1人で1人の高齢者を支えていたが、2021年には2.1人で1人を支えることになっている。このままいくと、2050年には1.3人で1人を支えることになってしまう。

カネオクイズ

日本に住む外国人も、国民年金の加入は義務？

Ⓐ 義務である
Ⓑ どちらでもよい
Ⓒ 加入できない

クイズのこたえ
A

日本に住んでいる人は国籍に関係なく加入しなければならない。加入していれば障害年金、遺族年金、老齢年金が支給される。

④ お金と社会のしくみ

生活を守る社会保障

社会保障…難しそうじゃのー。

国が国民の生活を守るしくみのことなんだ！

① 国が個人の生活を守る社会保障制度

病気やけが、年をとること、失業などは、個人で防ぎきれるものではないね。そのような場合に備えて貯金をしていたとしても、まかないきれない場合がある。そこで、**国が個人に代わって生活の保障をする**のが社会保障の制度だよ。

社会保障には、生活保護など、生活に困っている人の生活を保障する**公的扶助**、医療保険や年金保険などの**社会保険**、高齢者や障害のある人、児童たちを対象とした**社会福祉**、感染症対策など衛生的な生活を保障する**公衆衛生**と**医療**がある。これらは、国民の保険料と税金でまかなわれているよ。

② さまざまな社会保険

社会保障のうち、**社会保険**は、医療、年金、失業、介護に備えて保険料を納めておく制度だよ。**医療保険**は、病気やけがで病院にかかったときの支はらい額が、1～3割の負担ですむ制度だ。**年金保険**は、高齢者や障害のある人たちを助ける制度（↓70ページ）、**雇用保険**は、仕事を失い、給料がもらえなくなったときにお金が支給される制度、**介護保険**は、介護が必要になったときに、その費用の一部を負担するだけでよい制度だ。

会社員は社会保険の保険料を給料から納めているが、会社も半分以上を負担している。

用語解説 社会保障…国民の生活を国などが保障するしくみ。国民の安心や安定した生活を支えるセーフティネットのこと。

社会保障制度の種類

社会保障は
カサみたいな存在なんじゃのう

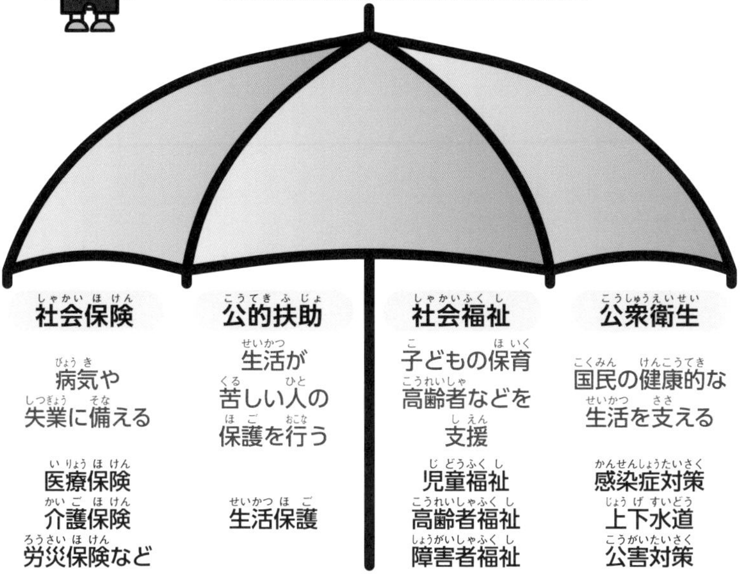

社会保険	公的扶助	社会福祉	公衆衛生
病気や失業に備える	生活が苦しい人の保護を行う	子どもの保育高齢者などを支援	国民の健康的な生活を支える
医療保険 介護保険 労災保険など	生活保護	児童福祉 高齢者福祉 障害者福祉	感染症対策 上下水道 公害対策

もっと知りたい

健康保険証で医療保険を受ける

医療保険に入っていることを証明するカードが健康保険証(保険証)だ。病院にかかるときは、健康保険証が必要となる。2024年12月からマイナンバー保険証に移行される予定だよ。

カネオクイズ
社会保障費は何に
一番多く使われている？
A 医療
B 年金
C 子育て

社会保障の給付に使われる国の費用(総額134.3兆円、2023年度)のうち、年金が最も多くをしめていて約60.1兆円。次いで医療が41.6兆円だった。

④ お金と社会のしくみ

日本は大赤字!?

日本は大赤字だと聞いたんじゃが、本当か？

国の借金はなんと、1000兆円をこえているんだ！

1 多額になった国の借金

国（政府）は、さまざまな仕事をするのにかかる費用を税金でまかなっているが、不足する分は借金をして補っている。政府が借金をする際は、国債を発行して銀行や個人などに買ってもらう方法をとっている。国債は期限が来たら利息をつけてお金を返すことを保証する書類だ。

2023年末の時点の国債残高と借入金などの合計は過去最大の1286兆4520億円に達している。

国債残高がこれほど多くなったのは、少子高齢化で医療費などの**社会保障関係の費用が増えた**ことや長い間**景気が低迷**していることが主な原因なんだ。

2 国はだれから借金をしているの？

国はどこからお金を借りているのだろう。国債を買っている相手を見ると、**半分以上が日本銀行**で、残りは保険会社や銀行、個人がほとんど。相手先が海外の割合はかなり少なく、ほかの国から多くの借金をしているわけではない。また、家計の借金とちがって、国の場合は、**借金を返すために新たな国債を発行**してあてることができる。金額が多いからといっても、国が破産する可能性はほぼない。

だが、どんどん借金がふくらむのは健全な財政とは言えないので、支出を減らし、税収が上がる政策をとることが求められているよ。

用語解説 国債…国が発行する債券（元本に利息をつけて返済する約束をする書類）。個人向け国債には、3年、5年、10年で満期になるタイプがある。銀行の定期預金より利率は高い。

国の借金は過去最大

2023年末時点での国（政府）の借金

1,286,452,000,000,000円
（1286兆4520億円）

1万円札にして積み上げると、世界一高いエベレスト山の1500倍以上の高さになる。

借金の相手のほとんどは日本銀行や保険会社など

国（政府）

国債を発行

保険会社

銀行

個人

もっと知りたい

日本の歳入（収入）の約3分の1は借金!?

日本では、財政にしめる借金の割合が大きくなっている。2023年度予算の歳入は114.4兆円だったが、そのうちの約31%にあたる35.6兆円が国債発行による借金でまかなわれている。また、過去に発行した国債の元金と利息の返済をするために必要なお金も、歳出全体の約22%をしめている。国の経済規模に対する借金の残高は、先進国の中で最も多い。

用語解説

財政…政府が得た収入をさまざまな目的で使う活動。社会保障や教育などの公共サービスにあたるほか、景気を調節するために用いられることもある。

小学校に突撃！

小学校にも税金が使われていると聞き、横山先生と突撃しにきたカネオくん。身近なアレの意外な金額とは…？！

※金額はすべて編集部調べ

税金が使われとるもんを
探しにきたんじゃが…
あっ、横山先生！
やあ、カネオくん。いっしょに税金が使われているものを探しに行こう！

そもそも校舎や運動場など、学校の建物や設備はすべて税金でつくられているんだ。

約2億2000万円！

プール工事費／25m × 6 コース

約4億8000万円！

体育館工事費／約894平方メートル

どっひゃー!! プールや体育館にこんなにお金がかかっとるんか！

このような施設だけではなく、体育で使われる道具や校庭の遊具などの設備も税金でつくられているよ。
約9万8400円！
とび箱／小型8型一組
約59万円！
ブランコ／4人乗り

教室はどうかな？
!
黒板に机といす、カーテンも全部税金なんか！
約3万円！
防炎・遮光カーテン
約15万4000円！
黒板
約1万5000円！
机いすセット

おなかもすいてきたし、給食室に行ってみるか…いいにおいじゃの〜
給食室の設備も、税金でまかなわれているよ。でも、給食費※は家庭から集められているね。
ワシにも食わせてくれい！
※例外あり

そういえば、子どもたちが使う教科書にも税金が使われとるんじゃって？
そうだよ。税金が使われているから、毎年無料でもらえるんだ。

日本では義務教育の間の教科書は無料だけど、国・地域によってはそうでないこともあるんだよ。
…というと？
欧米では無料で貸し出されることが多い。翌年以降も使うから、書きこみは禁止なんだ！
無料貸し出し
アメリカ、イギリス、フランス、オランダ、スウェーデン、フィンランド
など
落書きなど、もってのほかじゃのう。

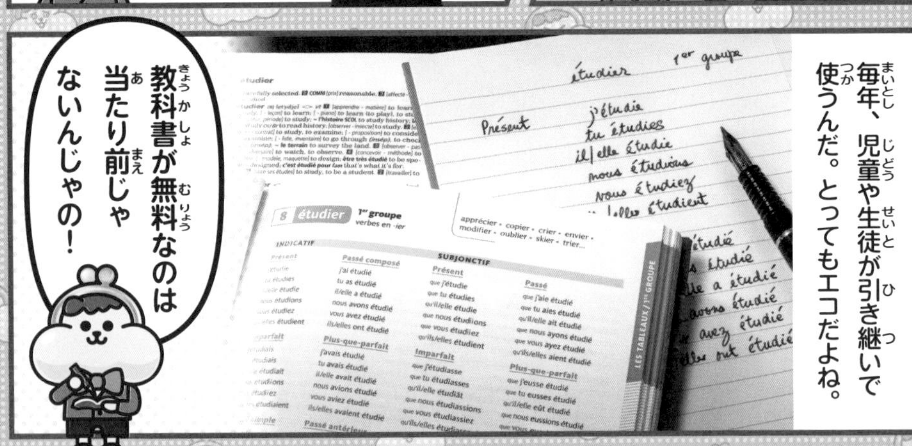
毎年、児童や生徒が引き継いで使うんだ。とってもエコだよね。
教科書が無料なのは当たり前じゃないんじゃの！

国や地域によっては有料のケースもあるんだよ。
シンガポール
小学1年生の教科書一式
約5600円
ほか台湾も有料
無料でも有料でも教科書は大切に使わんといけんのう。

小学校にたくさん税金が使われとるのはわかったが、これは公立の場合だけなんか?
いやいや。私立の小学校にも税金からの補助金が出ているよ。

カネオくん!ここでクイズです。日本の小学生一人当たり、一年間に使われている税金はいくらだと思う?
一応多めに言っとくかの…
ううむ、20万円くらいかの?

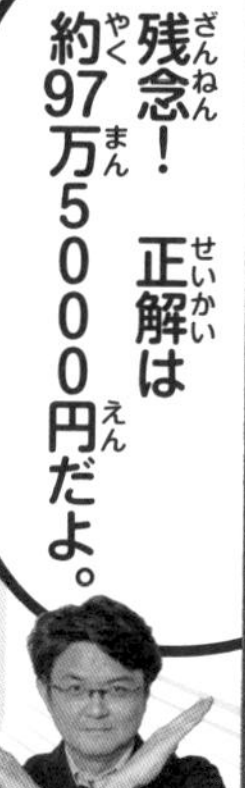

残念!正解は約97万5000円だよ。
ぶっ!ぶへ〜!!

公立小学校の児童1人に1年間に使われる税金

約97万5000円

中学生 約112万2000円

高校生 約106万3000円

※令和2年度

みんな!税金をムダにせんようにしっかり勉強せんといかんぞ!
おしまい

おかねコラム ④

いろいろな物の値段を大調査！

街なかで目にする物の値段を調べてみたよ！

飲料の自動販売機

1台で約70万円。商品の数が増えると高くなる。

カーブミラー

交差点・十字路で見かける丸型1面鏡（ポールつき）は、1本5万～8万円。

ジャングルジム

小学校などにあるもので、約70万円。

消防車

1台1台特注で、ポンプ車の場合は、3000万～4000万円。

プロ野球の公式球

統一試合球の一般販売価格は約3000円。

旅客機

ボーイング747で約580億円（1ドル＝150円の場合）。

カネオのひとこと

ほかにも気になる物があったら、自分で値段を調べてみると楽しいかもしれんのう

※値段は編集部調べ。

5時間目

お金を貯める・増やす

お金を貯めることはもちろん大切だけど、
実はお金の価値自体が変わってしまうことも⁉
お金を貯めるだけじゃなく
増やす方法についても学んでいこう！

⑤ お金を貯める・増やす

株式会社ってなに？

株式会社とはどんなもんじゃ？

多くの人がお金を出してつくられた会社のことだよ！

① 企業には「公企業」と「私企業」がある

株式会社とは、企業の1つで、**株式を発行して、多くの人からお金を集める会社**だよ。

まず、企業の説明をするよ。さまざまな物やサービスを生産する企業が、資本（元手）を使って生産活動を行い、利益を得ている。

企業は、生産活動をして利益を得るほか、新しい製品を生産するための研究開発や企業を大きくするための設備投資も行っている。

企業の中には、地方公共団体が行う水道事業のように、利益を得ることを最優先の目的としない**公企業**もある。公企業に対して利益を求める企業は、**私企業**と呼ばれている。

② 株主が出資したお金で運営される株式会社

私企業には、農家や個人商店のような**個人企業**と、会社として運営される**法人企業**がある。法人企業のうち、多くの人がお金を出し合ってつくられた企業が**株式会社**だよ。株式会社は、株式を発行し、お金を出した人がその株式を金額に応じて持って株主になる。

会社は、みんな（株主）が出したお金をもとに事業をする。事業で利益が出るとその一部を**配当金**として株主にわたす。また、株主は、株式会社の総会に出席して議決をする権利も持つ。株式を多く持っている株主ほど会社の方針に意見を述べる権限が大きいよ。

用語解説
企業…利益を得ることを目的として物やサービスを生産する活動を行う組織。私企業と公企業があるが、日本のような資本主義社会では、主に私企業のことをいうよ。

株式会社と株主の関係

株式会社は、株式を発行して株主から出資金を集める。そのお金で事業をして利益を出して、お金を出してくれた株主に配当金という形で利益を分ける。

もっと知りたい

昔は紙だった株券 今は電子化に！

以前は株式を買うと株式会社が発行する紙に印刷された株券を受け取ることができたけど、現在は電子化されている（一部を除く）。昔は紙に印刷された株券だったので、紛失してしまう人もいたとか。

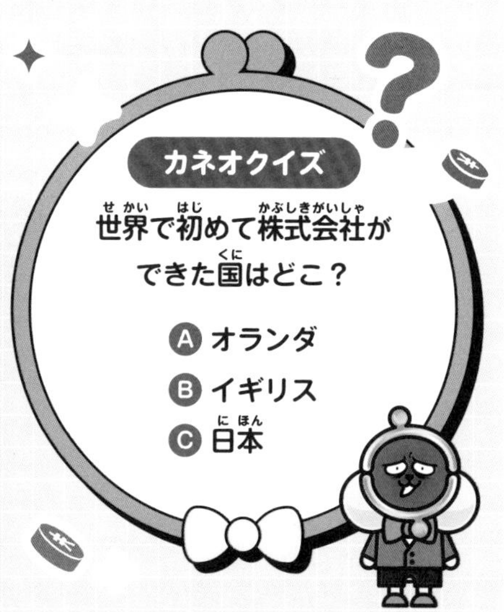

カネオクイズ
世界で初めて株式会社ができた国はどこ？
A オランダ
B イギリス
C 日本

1602年にオランダでできた東インド会社が世界初の株式会社とされている。東インド会社は、当時貴重品だったコショウや香料などの香辛料を東南アジアから輸入していたよ。

5 お金を貯める・増やす

証券取引所の役割

株式の売り買いはどこで行われとるんじゃ？

証券会社から注文を受けて売買されているんだよ！

1 株式は人気投票!? 毎日変わる株の値段

株式会社は、資金をたくさん集めるために、より多くの人に自社の株式を自由に買ってもらえるようにしていることが多い。これを**株式公開**という。その会社にお金を出して、より利益を大きくしてほしいと思う人は、その会社の株式を買うことで応援する。会社が利益をより多く出せば**配当金**が増える。また、株式の価格が上がったときにその株式を売れば、買ったときの価格との差を利益として得られるんだ。

そのため株式の**値段は毎日変動**し、会社の業績などによって買いたい人が増えると株式の値段は上がり、売りたい人が増えると下がる。

2 売買は証券取引所で公正に行われている

一般の人がある会社の株式を買いたい場合、その会社から直接買うことはできず、必ず**証券会社**を通して注文を出さなければならないんだ。一般の人からの注文を受けた証券会社は、**証券取引所**に注文を出す。株を売るときも同じで、注文は一般の人から証券会社を通じて証券取引所に出されるんだ。

証券取引所で株式の売買が行われるようになることを**「上場」**といい、上場の審査は証券取引所が行う。

証券取引所は札幌、東京、名古屋、福岡の4か所にあり、東京証券取引所が最も多くの上場会社の株式をあつかっている。

用語解説

上場…証券取引所で株式の売買がされるようになること。上場すると、会社の信用が増し、お金を集めやすくなる。上場するためには、多くの条件を満たし、審査に通る必要がある。

証券取引所の役割

投資をしたい人たちが安心して取り引きできる株式の流通市場を開いている。
投資家は証券会社を通じて株式の売買を行う。

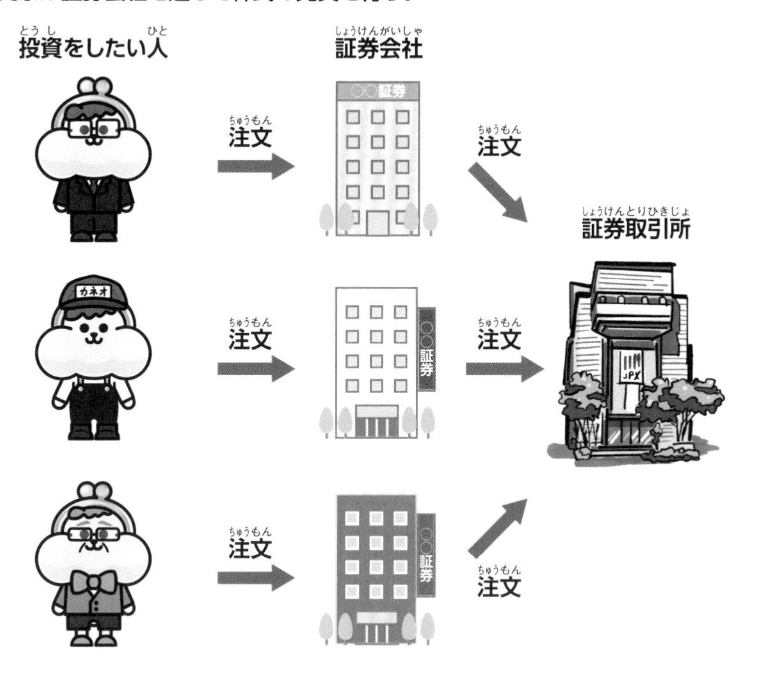

もっと知りたい

取り引きを支えるシステム

東京証券取引所では、1日に平均で５兆円もの株式の取り引きが行われている。その取り引きを支えるのが「arrowhead」という売買システム。1回まばたきをする間に、約750回の注文に対応できるんだ。

カネオクイズ
東京証券取引所に上場している会社の数は？
A 約1800社
B 約2800社
C 約3800社

日本全国には、約170万もの株式会社があるといわれている。東京証券取引所に上場しているのは、そのうちの約3800社だ。

⑤お金を貯める・増やす

投資ってなに？

投資とはどういうことなんじゃ？

株式以外にも投資信託や債券などがあるよ。

① 出資してお金を育てるのが投資の基本

株式会社の株式を買うと、**配当金**や**株式の値上がり**などによって利益を得られることがある。でも、反対にその株式の会社の事業がうまくいかないと配当金が出なかったり、株価が下がってしまって、**損をすることもある**んだ。

このように、会社などの事業に対して自分のお金を出して利益が得られるように期待することを「**投資**」というよ。お金を育てるようなものだね。そして、投資としてお金を出すことを「**出資**」という。投資には、お金が増える可能性もあるけど、反対にお金が減ってしまう場合もあると覚えておこう。

② リスクとリターンを正しく知ろう

お金を増やす方法のひとつに「**貯金**」がある。貯金とは、銀行などにお金を預けておく方法だ。貯金したお金には、決まった割合で利息がつくので、時間をかけるとお金が必ず増える。でも、増える割合はそれほど多くない。

これに対して投資したお金は、貯金に比べて大きく増えることもあるし、元の金額より減ることもあるんだ。投資した金額が増えたり減ったりする値動きのはばを「**リスク**」というのに対し、得られる利益（損益）を「**リターン**」というよ。これらを正しく知って、お金に働いてもらうことが大切なんだよ。

用語解説
出資…株式を買うなどで会社にお金を出し、その見返りとして利益を得ようとすること。大きな利益が出る可能性はあるが、出したお金が減ったり返ってこなかったりすることもある。

投資の種類

お金を育てる投資には、
株式のほかにも債券や投資信託などがあるよ。

株式
配当金や株価の値上がりで利益を得る。

投資信託
投資の専門家が運用する商品を購入する。

債券
国債などを運用する。定期的な利益が得られる。

貯金
銀行にお金を預けて金利を受け取る。

※貯金は投資ではない。

リターン（得られる利益）

リスク（値段の動きのはば）

もっと知りたい

子どもでも投資はできるの？

投資をするには投資用口座をつくる必要があるよ。親権者の同意があれば子どもでも投資用未成年口座をつくって投資することができるよ。まずはおうちの人と相談してみよう。

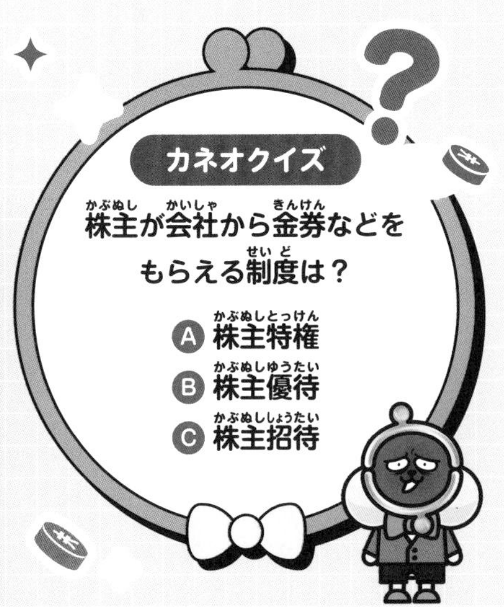

カネオクイズ
株主が会社から金券などをもらえる制度は？
A 株主特権
B 株主優待
C 株主招待

株主が株式を持っている会社の商品や商品券、割引券などをもらえる制度を株主優待という。日本独自の制度とされる。

⑤ お金を貯める・増やす

NISAってなに？

NISAとはどういうもんかの〜？

税金がかからない少額から投資できるしくみだよ！

① 利益に税金がかからない制度

NISAとは、少ないお金でも投資できるようにと、2014年に始まった**「少額投資非課税制度」**のことだ。

株式や投資信託などに投資して得た利益には、約20％の税金がかかる。例えば、株式を売って100万円の利益が出た場合、約20万円が税金としてさし引かれる。これに対して、NISA用の口座を開いて投資したときに得られた利益からは、**税金が引かれない**。ただし、NISA口座で投資できる金額には上限がある。2024年からは新制度になって**上限が引き上げられた**ため、利用者が増えると考えられているよ。

② 銀行か証券会社で口座を開く

NISAを利用するには、銀行や証券会社などに**NISA口座**を開く必要がある。日本国内に住んでいる成人（18歳以上の人）であればだれでもNISA口座を開くことができる。口座は**1人1口座**のみ開くことができ、1年ごとに金融機関を変えることもできるよ。小学生のキミたちは、今はまだNISA口座を開くことはできないけど、将来お金を増やすためにも早めに勉強しておくといいね。

証券会社は、主に株式の売買の窓口になる会社だけど、そのほかに、NISAのような投資のための窓口にもなっているんだよ。

用語解説

証券会社…株式や債券などの売買の仲立ちをする会社。売買するときの手数料で利益を得る。現在は、インターネットでの取り引きを専門にする証券会社もある。

投資に効果的なNISA制度

NISAは、投資で得た利益に対して税金がかからない！
投資をする人にとってうれしい非課税制度。

投資で得た
1万円の利益

通常の投資口座

税金分
2000円

手元に残る分
8000円

NISA口座

手元に残る分
1万円

NISAを使えば
利益がまるまる
手元に残るんか～

もっと知りたい

どうしてNISAができたの？

NISAは、家計の安定した資産づくりの手助けや成長資金を供給するという目的で2014年に始まった。その後、つみたてNISAなどの制度が取り入れられ、2024年からは新制度が始まった。

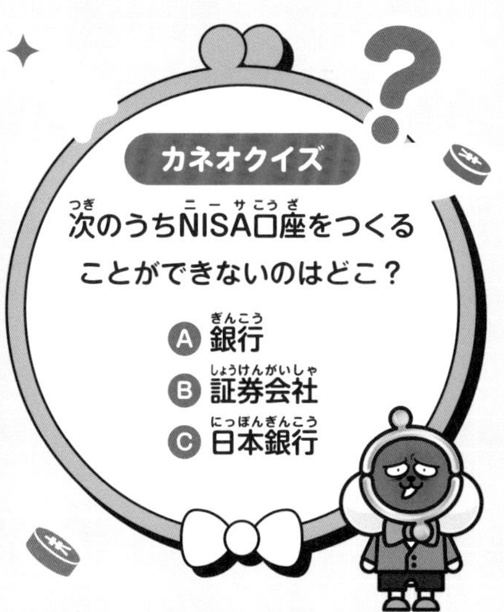

カネオクイズ
次のうちNISA口座をつくることができないのはどこ？
A 銀行
B 証券会社
C 日本銀行

NISA口座を開けるのは、銀行や証券会社など。日本銀行は一般の人が口座を持つことはできないので、NISA口座を開くことはできないよ。

❺ お金を貯める・増やす

貯金でお金は増える？

とにかく貯金すればええんじゃろ！？

貯金は大事だけど、お金の価値が下がるおそれもある。

① 増えるお金はごくわずかな貯金の利息

持っているお金を増やす方法のひとつが、銀行に預ける**貯金（預金）**だ。銀行の普通預金や定期預金にお金を預けておくと、一定の割合で**利息**がつく。利息の割合は**金利**と呼ばれるが、近年の金利はとても低く、多くの銀行の普通預金の金利は0.02％くらいだ（2024年4月時点）。

例えば100万円を1年間普通預金に預けると、1年後にもらえる利息はわずか200円。これでは**利息でお金を大きく増やすことは難しい**ね。ただし、貯蓄しておいたお金が減ることはないから、リスクなくお金を育てられる点では安心ともいえるんだ。

② お金の価値が下がることもあるので注意

銀行に預けておけば、少ないとはいえ、お金が増えるし、減ることはないから安心だと思うかもしれないね。でも、じつは世の中の物価が上がることで**お金自体の価値が下がってしまう**こともある。

例えば、100円で買えていたおかしが120円になったら、その分お金の価値が下がっていることになる。銀行などに預けておいたお金は100円のままだから、物価が上がると自分のお金が減ってしまうのと同じことになるね。

貯金では増えるどころか、**お金が減ったのと同じことになるおそれ**があることを覚えておこう。

用語解説

金利…預金や貸したお金に対してつく利息（利子）の割合。預けた期間中に変わらない金利を固定金利、定期的に数字が見直しされる可能性のある金利を変動金利という。

金利でこんなにちがう貯金の効果

金利のちがいで増える利息が大きく変わる。1990年ごろの金利と今の金利を例に、その差を見てみよう。

100万円を
1年間預けると……

1990年ごろ　金利6%

100万円
×
0.06
=
6万円

2024年4月　金利0.02%

100万円
×
0.0002
=
200円

もっと知りたい

金利が低いのは悪いことなの？

現在のように低い金利のときは、貯金でお金を増やすことは難しいが、反対にお金を借りるときの金利は低くすむ。ローンを組んで家などを買うときは金利とあわせて返すお金が少なくなるのでよい面もある。

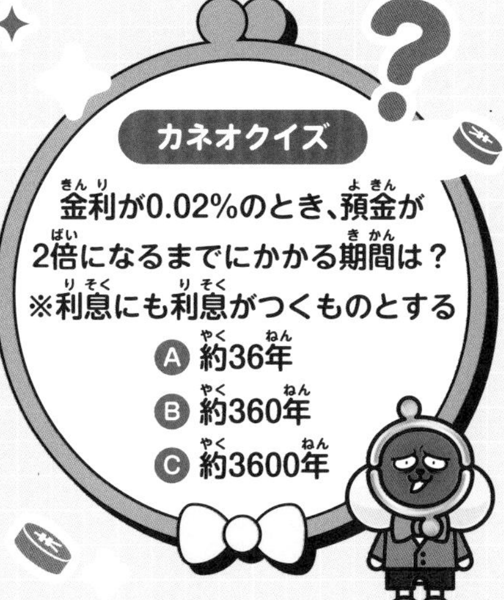

カネオクイズ
金利が0.02%のとき、預金が2倍になるまでにかかる期間は？
※利息にも利息がつくものとする
A 約36年
B 約360年
C 約3600年

金利0.02%で預金が2倍になるのは約3600年後。私たちが生きている間にはとうてい無理だね。

⑤ お金を貯める・増やす

お金がたくさんあれば幸せ？

お金がたくさんあれば幸せなんかのう？

お金持ちが幸せとは限らないけど、お金は大切だよ！

① 安心できる生活にお金は必要不可欠

私たちが毎日生活していくためには、食べ物や衣服などを買うためのお金が必要だね。本やゲームソフトを買ったり、遊園地などに行って楽しむにもお金がかかる。

また、長い人生の間には、まとまったお金が必要になることがあるよ。まず、高校や大学などに進んで教育を受けるときは、**入学金や授業料**がかかる。次に**結婚や出産**、**住宅を購入**するときなど。さらに、仕事をやめて**老後の生活**を送るときも。これらに備えておくためにも、お金は必要だ。

一生を安心して生活するためにもお金は必要で大切なものだね。

② 幸せになるためにお金を大事にする

お金は生活に必要不可欠ではあるが、お金さえあれば幸せかというと、そうとも限らない。どういう状態を幸せと感じるかは人によってちがう。

たくさんのお金を持って、遊んでくらすことに幸せを感じる人もいれば、お金は多く持っていなくても、好きなことをしたり、だれかのために役立つことをすることに喜びを感じる人もいるはずだ。

幸せは人それぞれということだね。でも、何をするにしてもお金と無関係ではいられない。自分なりの幸せをつかむためにも、お金のことをしっかりと考えるようにしていきたいものだね。

用語解説

教育費…子どもが教育を受けるのに必要なお金。幼稚園から大学・大学院まで、さまざまなお金がかかる。公立学校と私立学校では、かかるお金にかなりの差がある。

人生の三大出費

まとまったお金がかかる時期が一生の中で何回かある。
なかでも「教育」、「住宅」、「老後」は、人生の三大出費といわれているよ。

出生

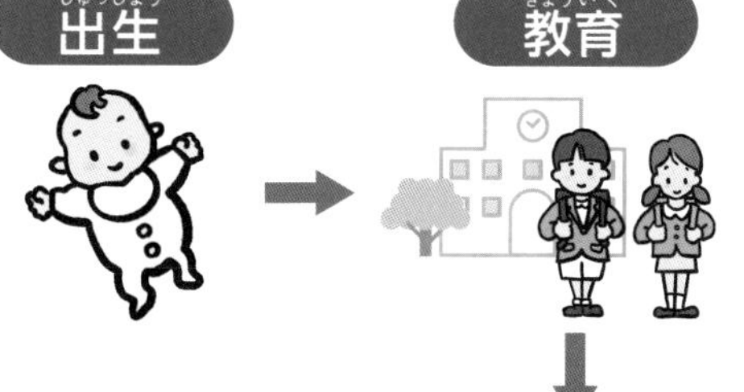

教育

幼稚園から大学まですべて
公立だと**約1000万円**。
私立だと**約2500万円**。

長い人生お金はとても大事なんじゃのう!!

老後

住宅

夫婦ふたりで
2000万〜3000万円。
日常生活のほかに介護費用が
かかることも。

全国平均で**3866万円**。
家づくりにかかる費用
（土地代を除く）。
住宅の大きさや場所によって変わる。

もっと知りたい

結婚や出産にもお金がかかる

人生の三大出費以外にも、結婚や出産にはまとまったお金が必要。そのほかにも、海外旅行や病気で入院するときなど、さまざまな場面でお金が必要になる。人生の計画は、お金とともに考えよう。

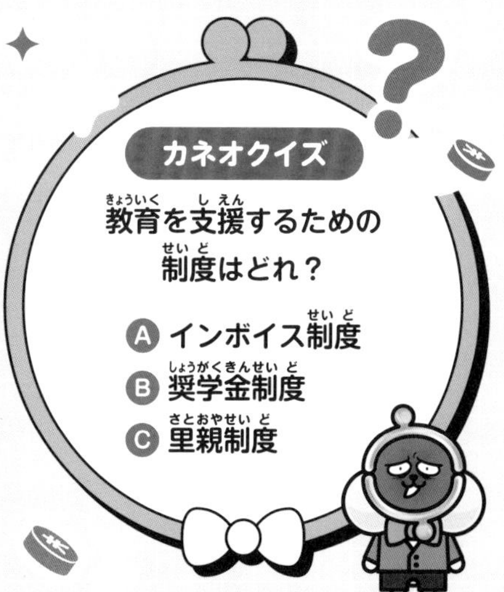

カネオクイズ
教育を支援するための
制度はどれ？
A インボイス制度
B 奨学金制度
C 里親制度

経済的な事情で進学が難しい人にお金を支援する制度が奨学金制度だ。返済が不要なものと後で返済しなければならないものがある。

課外授業マンガ⑤

東京証券取引所に突撃！

株式投資に興味津々のカネオくん。
株について教えてもらうため、東京証券取引所にやってきたが…？

株について知りたいのう〜。
東京証券取引所
TOKYO STOCK EXCHANGE
おーい！
おぬし、株のこと教えてくれんかの？
たたたー
ぺた
ぺた
JPX
TOKYO STOCK EXCHANGE
こんにちは！僕は東京証券取引所のあろーずくんだよ！
残念だけど、ここで株の買い方は教えていないんだ。
そうなんか！
ここは日本の株取引が行われる場所なんだ。
せっかくだから僕が中を案内するよ！
JPX
TOKYO STOCK EXCHANGE

ここはマーケットセンター株取引の監視を行っているよ。
しーーん…。
とっても静かじゃのう…。

今は電子取引だけど、平成11年頃まで「場立ち」と呼ばれる人たちが手サイン※で取引をしていたんだよ。
立会場には多い時で2000人もいたんだ！
ひゃーすごい人じゃ！

上のぐるぐるはなんじゃ？
ぐるぐる
チッカーといって、売買が成立した株価の情報が流れているんだよ！

※手サイン…どの銘柄を何円で何株売買するかを手で表すサインのこと。例えば通信会社の「NTT」は片手を耳にあてて電話で話す仕草で表した。

特別な時はアニメーションやメッセージを流すこともできるんだ。

カネオ…銘柄名
2,000.0…株価
+10.5…前日の終値との比較
前日よりも株価が
上がっていると赤
下がっていると緑
同じだとオレンジ
色でわかるんかー！

ここは上場した企業のセレモニーを行う場所だよ！
※五穀豊穣にあやかって5回鐘を鳴らすんだ。
ワシもいつか鳴らしてみたいのう…。
JPX
オープンプラットフォーム

ほかにおすすめはあるか？

ここでは株式投資の体験ができるよ！1000万円の仮想資金を投資して、終了時の資産額を競うんだ。
ゲームみたいで楽しそうじゃの！

※五穀豊穣…穀物が豊かに実ること。

カネオくん、せっかくだから証券史料ホールも見に行こう！
歴史を感じるのう…。
日本郵船會社株式券状（明治18年）
立会開始に鳴らしていた鐘
証券史料ホール：株取引の歴史や貴重な資料が展示されている。
きょうは勉強になったのー。そろそろ帰るか！
ぺた
ぺた
金運スポット！？それを早く言ってくれい！
じゃあ、最後にとっておきの金運スポットを特別に案内するよ！
東口玄関だよ。天井の扇形のステンドグラスが末広がりになっていて縁起が良いんだ。
運気が良いとされる東南（辰巳）の方角に玄関が向いているよ。
これでワシも億万長者じゃ…。
おしまい

おかねコラム ⑤

お金にまつわることわざ

お金に関係することわざはたくさんあるよ。さっそく覚えて使ってみよう！

時は金なり

意味　時間はお金と同じくらい価値がある。

例文　「時は金なり」というように、今をむだに過ごさないようにしよう。

安物買いの銭失い

意味　安物は品質が悪く、かえって損をする。

例文　すごく安いかさを買ったらすぐにこわれた。「安物買いの銭失い」だった。

猫に小判

意味　価値のわからない者には貴重な品も値打ちがない。

例文　母は父に高級なネクタイをプレゼントしたが、「猫に小判」だったようだ。

取らぬ狸の皮算用

意味　手に入るかわからないものを当てにして計画する。

例文　お年玉で買おうと自転車を選んだが「取らぬ狸の皮算用」になった。

悪銭身につかず

意味　苦労せずに得たお金は、すぐになくなってしまう。

例文　宝くじを当てたが、すぐになくなってしまった。「悪銭身につかず」だ。

ただより高いものはない

意味　ただで何かをもらってもお礼などで高くつく。

例文　無料券で食事をしたら追加分が高かった。「ただより高いものはない」ね。

カネオのひとこと

ワシの好きなお金に関係することわざは「金は天下の回りもの」じゃ〜！

お金のこれから

地域通貨や寄付、クラウドファンディング…。
お金のあり方がどんどん変化しているよ。
未来のお金はどうなっていくのかな？
一緒に考えてみよう！

物を買うこと＝応援すること

物を買うことが応援になるとは、どういうことじゃ？

自分のお金を何に使うか、見きわめが重要なんだ！

1 かしこいお金の使い方とは？

キミは、おこづかいで物を買うときにどんなことに気をつけているかな。50円のえん筆と100円のえん筆があったらどうする？　迷わず50円のほうを買うって？

でもちょっと待って。50円のえん筆は、安いけどしんが折れやすいかもしれないし、持ちにくくて使いづらいかもしれないね。

物を買うときは、値段だけで決めるのではなく、**品質や自分にとっての使いやすさ**にも注目してみよう。高いもののほうが長持ちし、使いやすいかもしれない。よいものを見きわめて買うことが**「かしこいお金の使い方」**なんだ。

2 社会がよくなる物の買い方を知ろう

物やサービスにお金をはらうとき、よい商品を選べば、その会社の利益が上がり、さらによい商品を開発したり、従業員の給料が上がったりするかもしれないね。物を買うことは、それをつくった会社を応援していることになるので**「応援消費」**といわれている。

さらに、商品をつくっている会社がリサイクルなど、**世の中の役に立つ活動**をしているのかにも注目しよう。そういう会社の商品を選ぶことが、結果として**地球環境や人権を守る**ことにつながるよ。また、よい商品を生む会社が大きくなれば社会全体がよくなっていくだろうね。

用語解説

応援消費…物を買う人（消費者）が、よりよい商品を買うことで、会社や生産者を支援すること。消費者は、よい商品や社会に役立つ商品を選ぶことが求められる。

物を買うこと＝応援

応援消費

応援したい会社や人、団体の商品を選んで買うこと。

消費者が物を選んで買うことが応援になるんじゃな〜

キミならどっちを応援する？

価格は安いが品質が低い鉛筆

価格は高いが品質がよい鉛筆

社会に役立つ活動をする会社

利益だけを求める会社

もっと知りたい

フェアトレードとは？

先進国が開発途上国の原料などを安く買おうとすると、途上国の経済成長をさまたげることになる。途上国の原料や製品を適切な値段で買うフェアトレード(公正取引)への注目が高まっている。

カネオクイズ

環境や社会の問題の解決に役立つ消費をなんという？

Ⓐ エシカル消費
Ⓑ エコロジカル消費
Ⓒ フェア消費

「エシカル」は「道徳的な」という意味。環境や社会の問題の解決につながる商品を選ぶようにし、そうでない商品は買わないようにする行動をエシカル消費という。

⑥お金のこれから

ポイントもお金なの？

ポイントで買い物ができるんか？

お金と同じように使えるポイントもあるよ！

①お金のように使えるポイント還元のしくみ

お店独自のポイントのほかに、物やサービスを買う際に、現金ではなく**キャッシュレス決済**をすると**ポイント**がつくことが多くなってきたね。

クレジットカードや電子マネーなどを使い、キャッシュレスで支はらいをすると、支はらい金額の0.5～1%くらいをポイントで還元し、次の買い物でそのポイントを**お金と同じように使うことができる**というしくみが一般的だね。共通ポイントなら、そのカードや電子マネーに加盟している別の店でも利用することができる。このほか、ポイントをグッズなどと交かんできるサービスもあるよ。

②広がってきた共通ポイントサービス

デジタルのポイントをカードで管理するしくみは、家電量販店で、次の買い物でも自分の店を利用してもらえるようにと始まったものだ。その後、クレジットカード会社やデパート、スーパーなどでも取り入れるようになり、広まっていった。

多くの店で利用できる共通ポイントが増えるとともに、利用者へのサービスも広がっていった。カードを提示すると割引になるしくみやクーポン券をダウンロードできるしくみも増えたよ。

また、**ポイント制度によって、キャッシュレス化が進んできた**という効果もあるよ。

用語解説

共通ポイント…加盟している多くの店や施設などで利用できるポイント。スーパーで買い物をした際についたポイントを、ファミリーレストランで使うといった便利さがある。

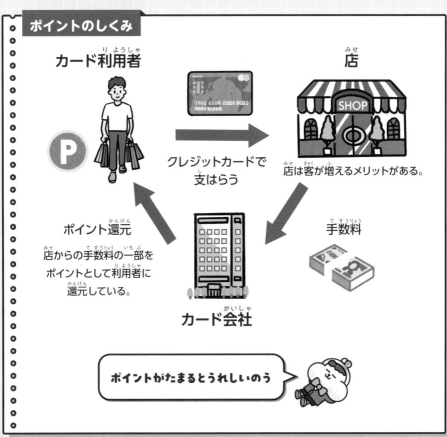

ポイントのしくみ

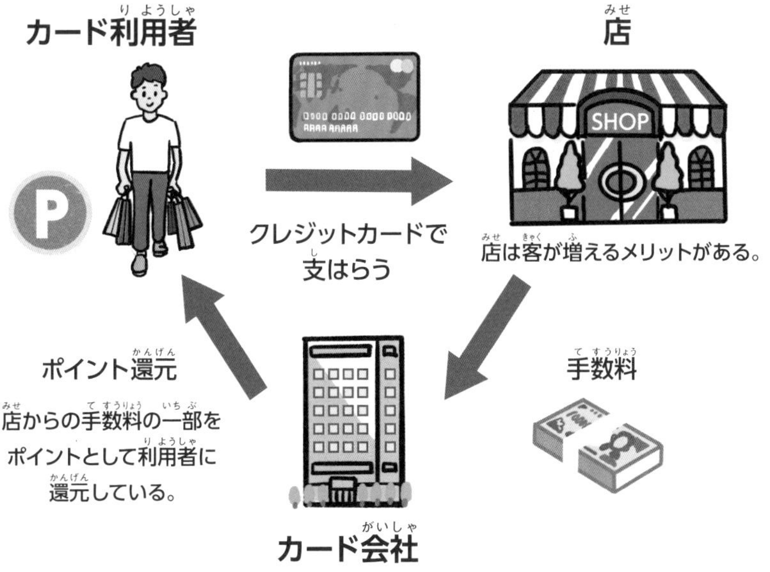

カード利用者

店

クレジットカードで支はらう

店は客が増えるメリットがある。

手数料

ポイント還元

店からの手数料の一部をポイントとして利用者に還元している。

カード会社

ポイントがたまるとうれしいのう

もっと知りたい

より多くのポイントをもらうには？

　クレジットカードを電子マネーやQRコード決済と連けいさせて支はらうとポイント還元率が高くなることが多い。店側もポイントアップの日を作ったりして、客を増やす工夫をしている。

カネオクイズ
電子マネーは何歳から使うことができる？
A 0歳
B 7歳
C 15歳

流通系の電子マネーはとくに年齢制限はない。交通系の電子マネーは、子ども用のカードの発行ができ、小学生は小児料金で電車に乗ることができる。

⑥ お金のこれから

暗号資産（仮想通貨）ってなに？

暗号資産とはどういうもんじゃ？

インターネットでお金のようにやりとりされているよ！

① 暗号資産はデジタル通貨の一種

「暗号資産」とは、**「仮想通貨」**とも呼ばれ、インターネット上でお金と同じように取り引きに使われているものだ。

紙幣や硬貨などの現金ではなく、インターネット上でのみ利用されるお金を**デジタル通貨**といい、暗号資産もデジタル通貨の一種だ。よく知られているものは**「ビットコイン」**と呼ばれるものだが、そのほかにもたくさんの暗号資産がある。

2011年ごろから急速に増えてきたもので、これまで使われてきたお金とはちがうところが多く、よいところとよくないところがあり、危険な一面もあるんだ。

② 世界中のどこでもやりとりができる

円やドルのようなお金（通貨）は、国や日本銀行（中央銀行）が紙幣や硬貨を発行し、それらは原則として**発行された国内でしか使えない**。また、発行した国などの信用をもとに使うことができる。これに対して暗号資産は、発行者がいない場合もあり、紙幣や硬貨などの現金はない。

また、**国に関係なく、世界のどこでもやりとりができる。**利用者同士で偽物がないかを監視し合う**ブロックチェーン**という技術で、お金としての信用が成り立っている。

ハッキングされたり、通貨自体の価値が変わりやすいといったデメリットもあるので注意が必要だ。

用語解説　ビットコイン…暗号資産のひとつ。世界初のデジタル通貨で、発行者や管理者はいない。2008年にネット上に発表された論文をもとに開発された。

暗号資産（仮想通貨）のしくみ

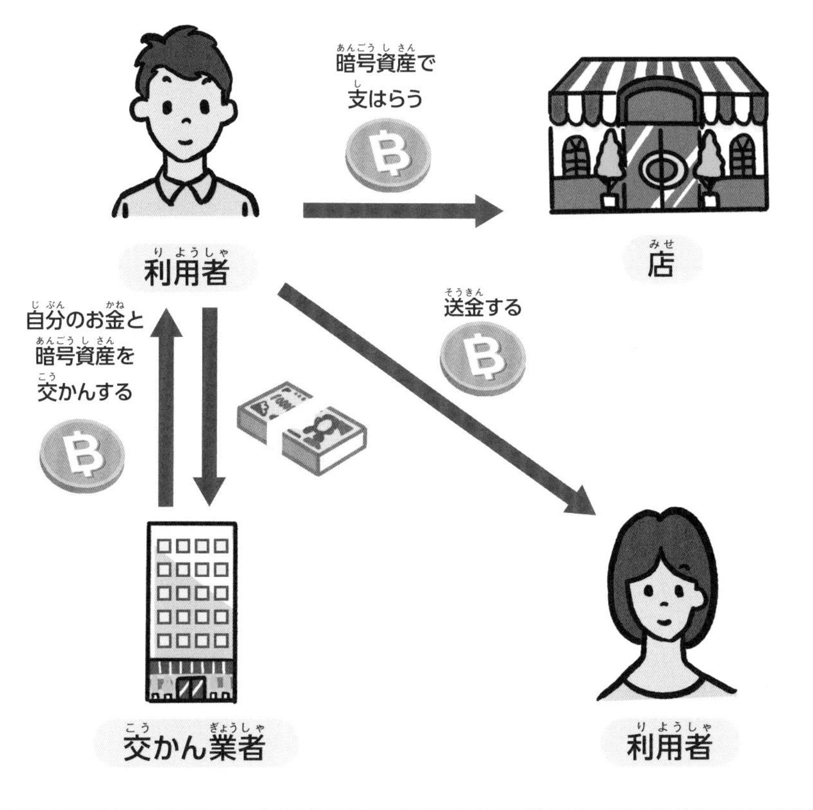

もっと知りたい

過去には仮想通貨の大量流出事件もあった!?

2014年に、当時世界最大級の暗号資産交かん業者であったマウントゴックスのサーバがハッキングされ、約470億円分のビットコインが流出してしまう事件があった。この事件によって、マウントゴックスは経営破たんし、そこに預けていた人たちも多くの資産を失うことになった。暗号資産には実体がないので、このような危険性もある。

用語解説

ハッキング…コンピュータなどに不正アクセスしてデータをぬすんだり、システムをこわしたりすること。ハッキングをする者をハッカーという。

⑥ お金のこれから

地域通貨ってなに？

地域通貨が盛り上がっとるらしいの！

地域限定でお金のように使えるものだね！

① 決まったエリアで使えるさまざまな地域通貨

市町村、商店街、企業など、決まったはんい内だけでお金と同じように支はらいなどに使うことのできるものを**「地域通貨」**というよ。紙のプレミアムつき商品券や専用カード、電子マネーを使うものなど、いろいろなしくみがあるんだ。

例えば、市町村が発行しているプレミアム商品券は、1万円の購入で1万2000円分の買い物ができる。ほかにも、専用カードで買い物をすると支はらった金額の10％分がポイントとして還元されるといったものも。ただし、利用できるはんいが限られていたり、使用期限があるなどの条件がついている場合もあるよ。

② 地域全体の活性化や住民の交流にも役立つ

地域通貨を取り入れる目的は、その**地域の経済を活発にすること**だ。使える地域が決まっているので、その地域の店や施設を利用する人が増える。地元の店に目がいくほか、地元の特産品を地元で消費する**地産地消**にも役立つ。

また、地域でボランティアや環境によい活動をしたり、健康増進に役立つことをしたりすると、地域通貨やポイントがもらえるしくみもある。地域通貨が**地域全体の活性化**や住民の健康づくりにも役立っているよ。さらに、地域通貨を使うことで、地域の住民の交流がさかんになる効果も期待できるんだ。

用語解説

地産地消…野菜や水産品など、ある地域で生産されたものを、できるだけその地域で消費する取り組み。食料自給率の向上や輸送にかかるエネルギーを減らすことにつながる。

地域通貨の例

岐阜県飛騨地域「さるぼぼコイン」

飛騨地域の約2000店舗が加盟。
飲食店では「さるぼぼコイン」でしか買えない裏メニューもある。
アプリでは決済以外にも防災情報や交通情報を通知してくれる。

SARU BOBO COIN
さるぼぼコイン
SARUBOBO COIN

東京都三鷹市「みたか地域ポイント（愛称：みたポ）」

三鷹市内のボランティアやイベントに参加するとポイントが貯まる。
感謝の気持ちとして人にあげたり、記念品との交換や市内店舗での決済に使える。

みたポ

みんなの住んどる街にも地域通貨はあるんかの？

もっと知りたい

地域に元気をもたらすために

1960年代ごろから全国的に大規模な開発が進み、昔ながらの商店街や地域住民のつながりが失われ、活気がなくなってしまった。地域通貨には、地域を活性化し、元気を取りもどすねらいもある。

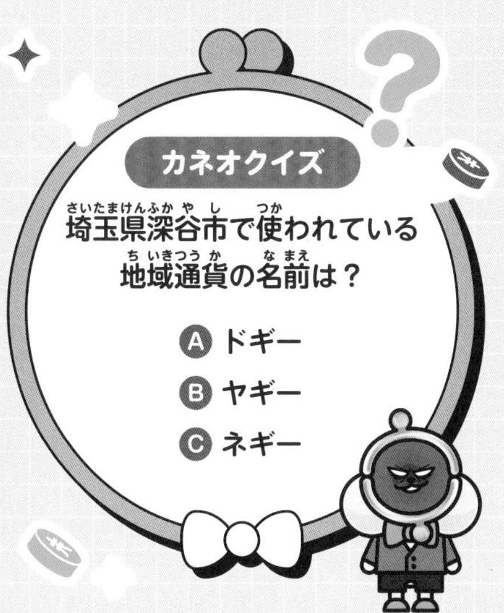

カネオクイズ
埼玉県深谷市で使われている地域通貨の名前は？
A ドギー
B ヤギー
C ネギー

深谷市の名産である深谷ネギからネギー（negi）を単位としたよ。アプリタイプとカードタイプがあって、加盟店での支はらいに使うことができるよ。

⑥ お金のこれから

寄付ってなに？

災害支援の募金箱、あれも寄付の1つかの？

そうだね。最近は「ふるさと納税」も注目されているよ！

1 見返りを期待せずに支援する＝寄付

お金が不足して生活が苦しい人や、災害などで住むところもなくなって困っている人に対して、国や地方公共団体などが支援することがあるね。国や地方公共団体は公平に支援することが求められるため、それとは別に多くの人からの支援を呼びかけて、それをもとにお金や品物を必要としている人にわたす活動を**「寄付」**というよ。寄付する場合、ふつうは見返りを求めない。

寄付を呼びかける団体は、集まったお金などを、高齢者や子どもなど、特に**支援が必要な人に優先してわたす**ことができるよ。目的をはっきりさせて寄付を呼びかけることもある。

2 ふるさと納税も寄付の一種

寄付の中には、**「ふるさと納税」**といって、自分が支援したい地方公共団体にお金を納めるものがある。生まれ育ったふるさとをはなれて別の場所に暮らしている人が出身地に寄付したり、応援したい地方公共団体に寄付をすることができる。

ふるさと納税をすると、所得税や住民税の一部が差し引かれるほか、寄付した地方公共団体からその土地の名産品などの**返礼品**がもらえることもある。また、寄付金の使い道を選ぶこともできる。

地方の活性化や、都会の人が地方に目を向けることにつながる制度として行われているよ。

用語解説

ふるさと納税…自分が生まれ育った地方公共団体や応援したい地方公共団体に寄付する制度。寄付した金額から2000円を除いた額が税金から控除（差し引くこと）される。

ふるさと納税のしくみ

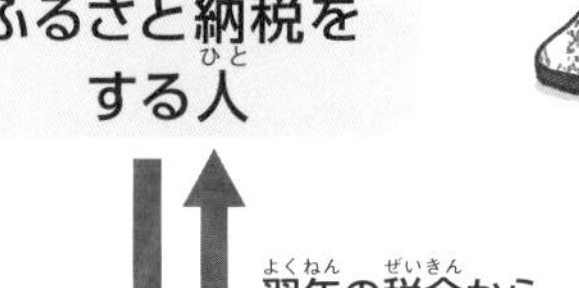

ふるさと納税をする人

ふるさと納税で
50,000円を寄付

返礼品

ふるさと納税先の
地方公共団体

住民税

翌年の税金から
48,000円控除

住んでいる
地方公共団体

「納税」という言葉がついているが、
地方公共団体に寄付をすることで
納税額の一部が控除される
(差し引かれる) しくみ。

返礼品が楽しみじゃあ〜!

もっと知りたい

各地のおもしろ返礼品

ふるさと納税のなかには、地方公共団体で工夫をこらした返礼品も。兵庫県多可町では「ご当地ヒーローになれる券」、茨城県つくば市の「ヘリコプター貸切飛行」など体験を重視したものもたくさんある。

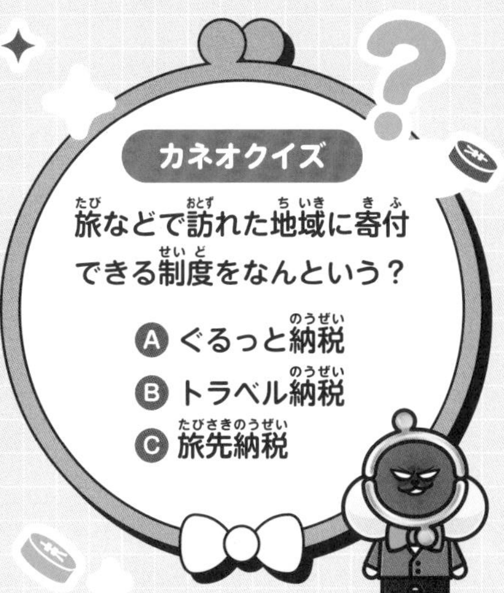

カネオクイズ
旅などで訪れた地域に寄付できる制度をなんという?
A ぐるっと納税
B トラベル納税
C 旅先納税

2022年に始まった制度で、旅行や出張で訪れた地域で、その場で寄付できる制度。寄付した金額によって、ホテルなどで使える電子ギフトの返礼品がもらえる。

⑥ お金のこれから

クラウドファンディングってなに？

クラウドファンディングも最近よく聞くのう。

多くの支援者からお金を集めるしくみなんだ！

① 多くの人から資金を集めるしくみ

クラウドファンディングとは、**「クラウド（群衆）」**と**「ファンディング（資金調達）」**を組み合わせてつくった言葉で、「インターネットなどを利用してたくさんの人から少しずつお金を集めるしくみ」のことだよ。

世の中のためになる活動をしたいけど資金がじゅうぶんでないといった場合、その活動に賛同して支援してくれる人にお金を出してもらうように呼びかける。

よいアイデアはあるけど、実行するお金が不足している人や団体と、そのアイデアを認めて応援したい人たちを結ぶ手段として注目されているよ。

② クラウドファンディングの種類

クラウドファンディングにはいろいろな種類がある。

お金を出した人が物やサービスを得ることができるものは**購入型クラウドファンディング**、寄付としてお金を出すものは**寄付型クラウドファンディング**、出したお金に対する利息を受け取るものが**融資型クラウドファンディング**だ。

クラウドファンディングをしたい人は、活動の内容や目標金額、リターン品の内容などを書いてインターネットで呼びかける。目標額に達しないとクラウドファンディングは成立しないので、現実的な額を検討するべきだよ。

用語解説　クラウド…「群衆」、「集団」の意味。クラウドファンディングなどと使われる。「クラウドコンピューティング」の「クラウド」は別の言葉で、「雲」という意味。

もっと知りたい

実は昔からあったクラウドファンディング!?

クラウドファンディングの方法そのものは古くからあったよ。19世紀後半にアメリカで自由の女神像がつくられたとき、台座の資金は新聞での呼びかけに応じた多くの人たちの寄付でまかなわれたんだ。最近はインターネットやSNSを使って、より多くの人に支援を呼びかけることができるようになった。

用語解説 ファンディング…「資金調達」、「資金提供」の意味。たくさんの人から寄付をつのる「カンパ」と意味は似ている。

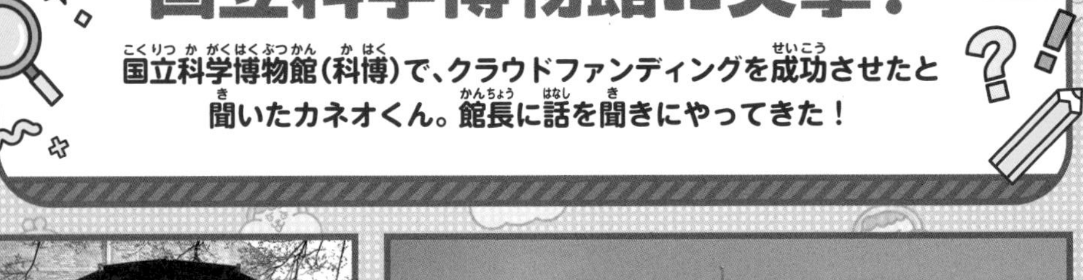

国立科学博物館に突撃！

国立科学博物館（科博）で、クラウドファンディングを成功させたと聞いたカネオくん。館長に話を聞きにやってきた！

何度来ても
びっくりするのう。

ほわ～、
色んな展示があって面白いの。
1日じゃ回りきれん数じゃ！

はっ！

いかん！ きょうは
クラウドファンディングに
ついて調べるんじゃった！

お～！ 館長
きょうは
よろしくじゃあ～
カネオくん、よく来たね。
科博のクラウドファンディングに
ついて、さっそく説明するね。

篠田謙一 館長

科博のクラウドファンディングプロジェクトとは？

#地球の宝を守れ
かはく史上最大の挑戦

科博が保有する標本・資料の数はあわせて500万点。動物、植物、菌類、鉱物、化石、人骨といった標本や科学・技術史資料などを集めている。その点数は毎年、数万点ずつ増えているんだ。

クラウドファンディングをした理由

科博の標本・資料の99%を保管しているのは、茨城県つくば市にある収蔵庫だよ。光熱費や物価が急激に上がって、標本などを収集や管理するお金が足りなくなる恐れが出てきたため、クラウドファンディングをすることになったんだ。

貴重な標本や資料を守れんと困るもんのう…。

研究者たちも返礼品の企画に参加

▲研究ノートがデザインされたトートバッグ

▲研究の裏側が見られるバックヤードツアー

◀「最推し」標本をまとめたオリジナル図鑑

支援者にどんなものがよろこばれるのか、みんなでいっしょに考えたんだ。バックヤードツアーは特に人気ですぐに埋まったんだよ。

1億円の目標に対して9億円も支援が集まったんだ。

国内のクラウドファンディング
過去最高額!

916,025,000円
(9億1602万5000円)
(目標金額1億円)
支援者 5万6584人

9億円?! すごい金額じゃのー!

小さな頃から大好きな博物館です、応援しています!

支援者からのメッセージもたくさん届いたよ。

未来の子どもたちのために支援します。

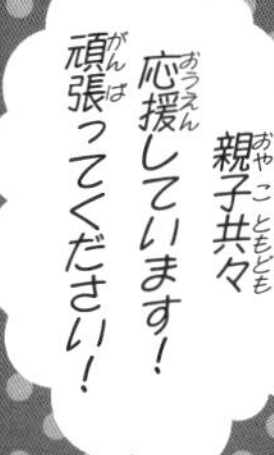

親子共々応援しています! 頑張ってください!

未来の研究者たちにバトンをつなぐのも博物館の重要な使命なんだ。

支援してくれた人やその子どもたちの中から未来の研究者が現れるかもしれんのう。楽しみじゃ!

おしまい

おかねコラム❻

お金にまつわる四字熟語

お金に関係する四字熟語を知っているかな？
6つをピックアップしてみたよ。覚えておこう！

一攫千金

意味　苦労せずに大金を手に入れること。

例文　努力をせずに一攫千金をねらっても、たいていは失敗するものだ。

薄利多売

意味　少ない利益の物を多く売り全体の利益を増すこと。

例文　あの会社は昔から薄利多売の経営方針でやってきた。

一擲千金

意味　一度におしみなく大金を使うこと。

例文　世の中のためになることなら、一擲千金もためらわないよ。

二束三文

意味　値打ちがないこと。たくさんあっても安価なこと。

例文　父は、集めた本を売ることにしたが、二束三文にしかならなかった。

一文半銭

意味　非常に少ないお金。「半銭」は「きなか」とも読む。

例文　あわてて飛びだしたので一文半銭も持っていなかった。

経世済民

意味　世の中を治め、人々の苦しみを救うこと。「経済」。

例文　経世済民を志して政治家になり、毎日努力を重ねている。

カネオのひとこと

一攫千金、ええ響きじゃのう。
ほかにもどんな四字熟語があるか調べてみよっと！

巻末特集

巻末特集①

社会科見学や調べ学習にぴったりじゃ～

お金スポット紹介

課外授業マンガに出てきた場所のほか、お金について学べる全国の施設をピックアップ！

造幣さいたま博物館

お金の歴史や貨幣・勲章の製造工程が学べる

▲2016年に東京からの移転にともない開館

▲歴代のオリンピックの入賞メダルを展示している

造幣局さいたま支局にある博物館で、2016年に開館。これまでに国内で発行された記念貨幣や勲章、国内で開催されたオリンピックの入賞メダルなど約1000点を展示している。平日は予約不要で工場見学をすることができ、貨幣や勲章を製造している様子を見学通路から見ることができる。千両箱の重さなどを体験できるコーナーのほか、硬貨の状態を調べて健康診断をしてくれる機械「コインくん（貨幣測定装置）」も人気。

工場見学では模様が入る前のコインが見られるぞ～！

住 〒330-0835　埼玉県さいたま市大宮区北袋町1-190-22　電 048-645-5899(平日)、048-645-5990(土日祝)
HP https://www.mint.go.jp/enjoy/plant/plant-saitama　開 午前9時～午後4時30分(入館は午後4時まで)
休 毎月第3水曜日、年末年始　入 無料

造幣博物館(本局)

貴重な貨幣などの資料のほか、屋外展示も充実

▲明治時代の建物を改修

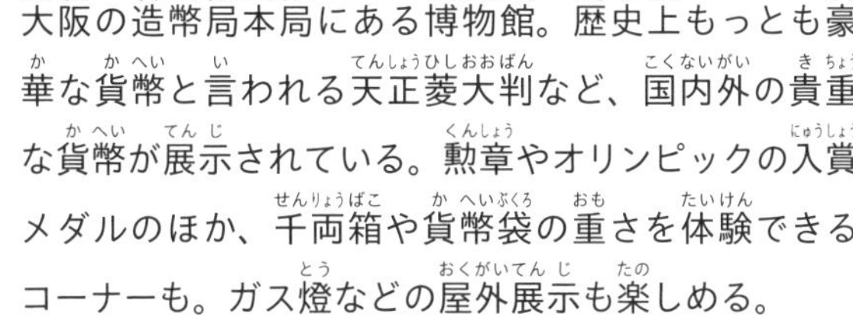

大阪の造幣局本局にある博物館。歴史上もっとも豪華な貨幣と言われる天正菱大判など、国内外の貴重な貨幣が展示されている。勲章やオリンピックの入賞メダルのほか、千両箱や貨幣袋の重さを体験できるコーナーも。ガス燈などの屋外展示も楽しめる。

▲貨幣や勲章など約4000点を展示

屋外には明治時代に使われていた
製造機械もあるんじゃ！

住 〒530－0043　大阪府大阪市北区天満 1-1-79　電 06-6351-8509
HP https://www.mint.go.jp/enjoy/plant/plant-osaka/plant_museum.html　開 午前9時～午後4時45分(入館は午後4時まで)　休 年末年始、「桜の通り抜け」開催期間、毎月第3水曜日ほか　入 無料

日本銀行旧小樽支店金融資料館

日本銀行の歴史や業務、小樽の発展について学べる

▲北側正面には4つのドームがある

レンガ造りの建物は小樽市指定有形文化財にもなっている。歴史展示ゾーンでは日本銀行と旧小樽支店の歴史のほか、第2次世界大戦後に発行された日本銀行券の実物を見ることができる。業務展示ゾーンでは2002年まで実際に使われていた金庫の内部を再現。

▲吹きぬけに回廊が巡らされている

1億円の模擬パックを持ち上げて
記念撮影ができるんじゃって！

住 〒047-0031　北海道小樽市色内 1-11-16　電 0134-21-1111　HP https://www3.boj.or.jp/otaru-m/
開 夏季(4月～ 11月)午前9時30分～午後５時(最終入館午後4時30分)　冬季(12月～ 3月)午前10時～午後5時(最終入館午後4時30分)　休 水曜日(水曜が祝休日の場合は開館)、年末年始(12月29日～1月５日)ほか　入 無料

お札と切手の博物館

お札の偽造防止技術や印刷技術を紹介！

▲国立印刷局創立100周年に開設

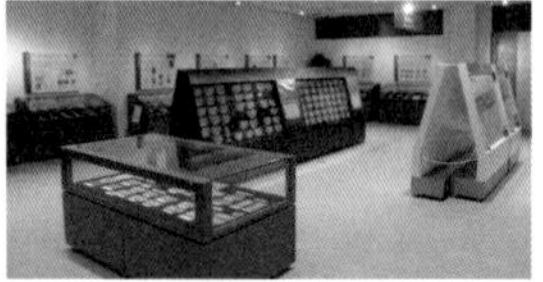
▲国内外の様々なお札を展示

「偽造防止技術の歴史」をテーマに、お札の偽造を防止する印刷技術について紹介。自分の持ってきたお札でマイクロ文字やすかしなどを確認できる体験コーナーも人気。日本と海外の歴代のお札や切手のほか、旅券など約700点が展示されている。

お札の印刷技術が
気になる人におすすめじゃ～

住 〒114-0002 東京都北区王子1-6-1 電 03-5390-5194
HP https://www.npb.go.jp/museum/index.html
開 午前9時30分～午後5時 休 月曜日(祝日の場合は開館し、翌平日休館)、年末年始ほか 入 無料

渋沢栄一記念館

渋沢栄一の足跡をたどる資料を展示

▲生地の近くに1995年に開館

▲渋沢栄一のアンドロイド

渋沢栄一の故郷、埼玉県深谷市にある記念館。資料室では渋沢栄一が書いた文書や写真などを展示しているほか、講義室では渋沢栄一のアンドロイドによる講義を見学できる。資料室の10名以上の団体見学と講義室はインターネットで事前予約が必要。

カネオの推しポイント

アンドロイドが
本物そっくりでリアルじゃ！

住 〒366-0002 埼玉県深谷市下手計1204 電 048-587-1100
HP https://www.city.fukaya.saitama.jp/shibusawa_eiichi/kinenkan.html 開 資料室:午前9時～午後5時
講義室(アンドロイド):午前9時30分～午後4時30分(最終講義は午後3時30分から) 休 年末年始ほか 入 無料

スポット 6

国立印刷局 東京工場

マンガ p.22

お札が印刷される現場を見学できる

製造工程を窓ごしに見学ができるほか、偽造防止技術についてもパネルや体験装置を使いながら楽しく学べる。ほかに小田原工場、静岡工場、彦根工場も見学可。

住 〒114-0024　東京都北区西ケ原 2-3-15

電 03-5567-1102

HP https://www.npb.go.jp/event/kengaku/tokyo.html

開 毎週火曜日･木曜日午前10時～､午後1時40分～の2回のみ(要予約)　入 無料

スポット 7

日本銀行本店

マンガ p.58

本館が見学可能

本館の地下金庫、旧営業場、展示室をガイド付きで巡る60分のツアーがある。1億円の重さ体験も。対象は小学5年生以上(小学生は保護者同伴)、要WEB予約。

住 〒103-8660　東京都中央区日本橋本石町 2-1-1

電 03-3277-2815(見学担当)

HP https://www.boj.or.jp/about/services/kengaku.htm

開 午前9時30分～午後4時30分(詳細はホームページ参照)

休 土日祝日､年末年始ほか　入 無料

スポット 8

日本銀行金融研究所 貨幣博物館

マンガ p.58

日本の貨幣の歴史が学べる

日本の古代～現代までの貴重な貨幣を展示。時代背景の説明もあり、歴史も同時に学べる。子供向けの体験コーナーやお札グッズなどのショップも充実。

住 〒103-0021　東京都中央区日本橋本石町 1-3-1

電 03-3277-3037

HP https://www.imes.boj.or.jp/cm/

開 午前9時30分～午後4時30分(最終入館は午後4時まで)

休 月曜日(祝休日は開館)､年末年始ほか　入 無料

スポット 9

東京証券取引所

マンガ p.94

株の取引が行われる場所

東京証券取引所に併設の東証Arrowsが見学可能。上場の鐘を鳴らす様子を撮影できるフォトスポットも。株式投資体験は小学校高学年以上、要WEB予約。

住 〒103-8224　東京都中央区日本橋兜町 2-1

電 050-3377-7254

HP https://www.jpx.co.jp/learning/tour/arrows/01.html

開 午前9時～午後4時30分(最終入館は午後4時まで)

休 土日祝日､年末年始　入 無料

住 住所／電 電話／HP ホームページ／開 開館時間／休 休館日／入 入場料

巻末特集 ❷

カネオくん オリジナルおこづかい帳

カネオくんのオリジナルおこづかい帳を3か月分用意したよ。
この本で学んだ内容をいかしておこづかい帳をつけてみよう！

読者特典

このおこづかい帳をもっと使いたい人は
読者限定ページからダウンロードできるよ。
ダウンロードしたページを印刷して使おう！

アクセスは こちら ▸▸▸

https://one-publishing.co.jp/download/kaneokun_okodukai.pdf

おこづかい帳の使い方

8 月
おこづかい帳
❸ 今月の目標
むだづかいしない！

はじめにあったお金
❶ 130 円

日にち	❷ ことがら	入ったお金	使ったお金	残ったお金
1日	おこづかい	1000円		1130円
5日	おかし		200円	930円
8日	まんが		400円	530円
10日	アイス		140円	390円
12日	ペン		210円	180円
15日	おじいちゃんから	500円		680円
17日	アイス		100円	580円
	クレーンゲーム		300円	280円
18日	おかし		60円	220円
20日	アイス		100円	120円
25日	アイス		100円	20円
		★		
	合計金額	1500円	1610円	20 円

❹
	はじめにあったお金	130円
＋	入ったお金	1500円
－	使ったお金	1610円
＝	残ったお金	20円

❺ 今月のふりかえり

アイスを
たべすぎた

❶ その月のはじめに持っているお金を書こう

❷ 何に使ったか、だれにもらったかなどを書こう

❸ 月のはじめに目標を書こう

❹ 月の最後にお金を計算してみよう（❶と★マークがついた金額を書くよ）

❺ その月をふりかえってよかったことや反省点を書こう

お金を使った日は
その日のうちに忘れずに
書いておこう！

月

はじめにあったお金

円

今月の目標

日にち	ことがら	入ったお金	使ったお金	残ったお金
	合計金額	円	円	円

	はじめにあったお金	円
+	入ったお金	円
−	使ったお金	円
=	残ったお金	円

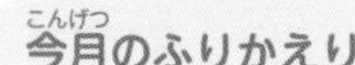

日にち	ことがら	入ったお金	使ったお金	残ったお金
合計金額		円	円	円

	はじめにあったお金	円
＋	入ったお金	円
－	使ったお金	円
＝	残ったお金	円

はじめにあったお金

円

日にち	ことがら	入ったお金	使ったお金	残ったお金
合計金額		円	円	円

	はじめにあったお金	円
＋	入ったお金	円
－	使ったお金	円
＝	残ったお金	円

今月のふりかえり

調べ学習や自由研究にも使えるワークシート付き

お金について研究してみよう

「この本を読んで、もっとお金について知りたい！」と思った人は、お金に関する自由研究や調べ学習に取り組んでみるのはどうかな？
3つのテーマを用意したよ！　それぞれワークシートもあるから活用してみよう。

テーマ①

「世界のお金調べ」

世界のいろいろなお金を調べてみよう！

世界にはどんなお金の種類があるかな。そしてそれぞれどんな名前でどんな記号が使われているのか、その成り立ちとともに世界の通貨について調べてみよう。

調べ方

❶この本の56ページやインターネットなどを参考に、世界のお金をリストアップしてみよう。（国名、名前、記号、紙幣と硬貨の特徴など）
❷家族で外国のお金を持っている人がいたら見せてもらおう。
❸それぞれのお金の成り立ちを調べてみよう。

国の名前	お金の名前	記号	通貨の成り立ち	紙幣や硬貨の特徴
日本	円	¥	もともとは中国の「銀圓」から	
アメリカ合衆国	ドル	$	ドイツで使われた通貨「ターラー」に由来	
中国	元	¥		
フランスなどEUの国	ユーロ	€		国によってデザインがちがう

まとめ方

❶国・通貨ごとに表でまとめよう。
❷お金を比べて自分で気づいたことを書こう。
❸外国のお金の画像などがあれば追加しよう。
❹参考にした本の名前やサイトを書こう。

応用編　この本の62ページを参考に、世界のおもしろいお金をもっと探してみよう！

インターネットで調べてみよう

キッズ外務省　世界の国々
https://www.mofa.go.jp/mofaj/kids/ichiran/index.html

テーマ❷

「日本のお金は何でできているの？」

材料やつくり方、特ちょうを調べてみよう！

私たちが普段使っている紙幣や硬貨は、どうやって作られているのか、どんな工夫があるのか、どんな材料が使われているのかなど、印刷局や造幣局を見学して調べてみよう。

調べ方

❶国立印刷局や造幣局のホームページを見たり、実際に見学したりして製造工程を調べよう。
❷紙幣や硬貨のユニバーサルデザインについて調べよう。

まとめ方

❶紙幣と硬貨の原料と製造工程を写真などでまとめよう。
❷偽造防止技術をまとめよう。
❸ユニバーサルデザインについてもリストにしてみよう。

インターネットで調べてみよう

ぞうへいきょく探検隊
https://www.mint.go.jp/kids

テーマ❸

「税金の使いみち大調査！」

自分の町の公共施設を地図にしよう！

学校などの税金が使われている公共施設を調べて、自分の住む町の公共施設がわかる地図をつくってみよう！

調べ方

❶税金が使われている近所の公共施設をリストアップしよう。
❷66ページを参考に、それぞれどんな役割があるか考えてみよう。

まとめ方

❶自分の家の周りの地図を書こう。
❷公共施設の場所を書き込もう。
❸自分や家族が普段よく使う公共施設に印をつけてみよう。

インターネットで調べてみよう

国税庁　税の学習コーナー
https://www.nta.go.jp/taxes/kids/index.htm

ワークシートはこちら！

3テーマのワークシート（PDF形式）は右のQRコード（https://one-publishing.co.jp/download/kaneokun_ws.pdf）からダウンロードできるよ。印刷して使ってね！

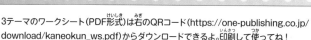

突撃！カネオくん　10歳からのお金のきほん
2024年6月30日　第1刷発行

監　　修　横山 光昭
（ファイナンシャルプランナー・家計再生コンサルタント）

制作協力　NHK『有吉のお金発見 突撃！カネオくん』制作班

発 行 人　松井 謙介
編 集 人　坂田 邦雄

編 集 部　金野 拓哉
石森 慧
編集協力　大島 善徳、西田 哲郎（大悠社）
撮　　影　鈴木 謙介
デザイン　ブラフマン
D T P　石川 さくら、渡邉 彩華（アド・クレール）
図版制作　小柳 英隆（雷伝舎）
特別協力　探Qキッズ（岡本 暁、岡本 知紗、たくと、きょうた、
中村 瑠里、秀昂、寧々、三浦 惟大、水口 晃希、
吉岡 麻夏、吉岡 海音）
発 行 所　株式会社 ワン・パブリッシング
〒105-0003　東京都港区西新橋2-23-1
印 刷 所　大日本印刷株式会社

●この本に関する各種お問い合わせ先
内容等のお問い合わせは、
下記サイトのお問い合わせフォームよりお願いします。
https://one-publishing.co.jp/contact/

不良品（落丁、乱丁）については　Tel 0570-092555
業務センター　〒354-0045 埼玉県入間郡三芳町上富279-1
在庫・注文については書店専用受注センター　Tel 0570-000346

画像提供・出典

国立印刷局<表紙、P17：新しい一万円札について（https://www.npb.go.jp/ja/n_banknote/design10/）を加工して作成、P22-25：写真で見る製造工程（https://www.npb.go.jp/product_service/intro/osatu_seizou/seizou_photo.html）を加工して作成、P120-121>／日本銀行（P17、P59、P121：日本銀行ホームページを加工して作成）／株式会社マイヤリングス（P40-43）／日本銀行金融研究所貨幣博物館（P60-61、P121）／ときわ総合サービス株式会社（P61）／株式会社日本取引所グループ（P94-97、P121）／国立科学博物館（P112-115）／造幣局（P118-119）／日本銀行札幌支店（P119）／深谷市（P120）／©PIXTA

主な参考文献

『10才からのお金の貯め方・つかい方』（永岡書店）

『るるぶ　マンガとクイズで楽しく学ぶ！お金のしくみ』（JTBパブリッシング）

『学研の図鑑 LIVE　お金のクイズ図鑑』（学研プラス）

『晋遊舎ムック　お金のことがまるごとわかる本』（晋遊舎）

『学校では教えてくれない大切なこと 3 お金のこと』（旺文社）

『学校では教えてくれない大切なこと 33 お金が動かす世界』（旺文社）

『図解・最新　学校では教えてくれないお金の授業』（PHPエディターズ・グループ）

『社会がよくわかるみのまわりのおかねのこと』（高橋書店）

『10才から知っておきたい新しいお金のはなし』（ナツメ社）

『カラー版　世界紙幣図鑑』（日本専門図書出版）

ほか